W0236810

ESSBARE
TISCHDEKORATIONEN

ZUM SELBERMACHEN

HEEL

HEEL Verlag GmbH
Gut Pottscheidt
53639 Königswinter
Telefon: 02223 9230-0
Telefax: 02223 923026
Mail: info@heel-verlag.de
Internet: www.heel-verlag.de

© 2009: HEEL Verlag GmbH, Königswinter

Fotos: Help, Helge Pohl

Lektorat: Caroline Klän

Satz und Layout: Herbert Menzel, Koblenz

Druck: D+L Printpartner, Bocholt

Printed in Germany

ISBN: 978-3-89880-166-9

Kontaktadresse für Workshops und Seminare:

Narahenapitage Sumith Premalal De Costa
Letterhausstraße 14
53123 Bonn
Telefon: 0228 622180
Mobil: 0170 2419368
Mail: premalal@web.de
            thishan@web.de
            zaveena@uboot.com

Verantwortlich für den Inhalt: Narahenapitage Sumith Premalal De Costa
Verantwortlich für den Text: Thishan Narahenapitage, Sithy Zaveena Jainudeen

Alle Rechte, auch die des Nachdrucks, der Wiedergabe in jeder Form und der
Übersetzung in andere Sprachen, behält sich der Herausgeber vor. Es ist ohne
schriftliche Genehmigung des Verlages nicht erlaubt, das Buch und Teile daraus
auf fotomechanischem Weg zu vervielfältigen oder unter Verwendung elektroni-
scher bzw. mechanischer Systeme zu speichern, systematisch auszuwerten oder
zu verbreiten.

Ich danke Frau Christine Kelch, Geschäftsführerin der Hill Metallwaren GmbH, für die technische Zusammenarbeit und Entwicklung der Schnitzwerkzeuge. Ihre Ideen und ihr Engagement haben wesentlich zum Gelingen des Buches beigetragen.

Meiner Chefin und Geschäftsführerin der Firma Aubergine & Zucchini, Frau Silke Schnapp, sei ebenfalls gedankt. Sie hat mir den nötigen Raum gegeben, sowohl organisatorisch als auch personell.

Ein herzliches Dankeschön gilt natürlich auch dem Handelshof für das bildschöne Gemüse und die photogenen Früchte.

„Last but not least" möchte ich an dieser Stelle meine Frau Sithy Zaveena und meine Söhne Tishan und Heshan erwähnen, die nicht nur eine Menge Schreibarbeit geleistet, sondern auch viel Geduld an den Tag gelegt haben.

Bestens koordiniert und organisiert wurde das gesamte Geschehen von den Mitarbeitern des Heel Verlages. Es hat mir Spaß gemacht, mit Ihnen allen zusammen zu arbeiten!

INHALT

VORWORT

Endlich ist es da! Das Nachfolgewerk zum preisgekrönten Buch: „Zum Essen Zu Schade".

Dieses Buch beschäftigt sich ausführlich mit Teller- und Tischdekorationen zum Selbermachen. Sie werden erleben wie einfach es ist, seine Gäste mit kleinen Dekorationen zu überraschen.

Alles was sie dafür brauchen ist ein bisschen Geschick und das richtige Werkzeug. Sehr oft aber genügt ein handelsübliches, scharfes Küchenmesser um Gemüse und Obst zu bearbeiten. Für anspruchsvollere Kreationen ist das eine oder andere Spezialwerkzeug jedoch unerlässlich. Immer wieder haben mich begeisterte Leser meines ersten Buches angerufen, um zu erfahren, wo ein solches Werkzeugset erhältlich ist.

Ein Großteil meiner Ausrüstung entstammte jedoch der Marke Eigenbau. Um der Nachfrage Folge zu leisten, habe ich gemeinsam mit triangle® ein 8-teiliges Schnitzmesser-Set entwickelt, das inzwischen von der Marke triangle® produziert und vertrieben wird. Es umfasst alle wesentlichen Funktionen. Aufgrund der sauberen Verarbeitung lassen sich damit Obst und Gemüse einfach und exakt bearbeiten.

Dieser zweite Band meines Werks „Zum Essen zu schade" richtet sich nicht nur an Profis, sondern auch an Hobbyköche, die gerade erst damit beginnen, sich im Modellieren von Obst und Gemüse zu üben.

Leichte Objekte mit großer Wirkung sollen auch den vermeintlich Ungeübten motivieren. Neben kleineren Teller- und Tischdekorationen finden sich aufwendigere Skulpturen und Schaustücke, die sich vor allem für Büffets eignen.

Das Besondere an der Kunst des Gemüseschnitzens ist, dass die Materialien, die ich verwende im Supermarkt oder auf dem Wochenmarkt erhältlich sind. Viele kleine Dekorationen, die ich anfertige, entstehen zum Teil aus den Resten, die ich beim Schnitzen der größeren Skulpturen und Schaustücke zurück behalte. Aus einer Melonenschale, die sonst einfach weg geworfen wird, schnitze ich beispielsweise Blätter für ein Blumenbouquet.

Ich wünsche ihnen viele vergnügliche Stunden und vor allem viel Erfolg beim Nachschnitzen dieser wunderschönen, aber auch einfachen Kreationen.

Narahenapitage Sumith Premalal De Costa, Betriebsleiter & Küchenchef der Aubergine und Zucchini GmbH im Bundesinstitut für Arzneimittel und medizinische Produkte, Bonn

EINE KLEINE ENTSTEHUNGS- GESCHICHTE

„Das Auge isst mit!" Diese alte Volks- weißheit habe ich mir zum Motto gemacht.

Es ist sehr wichtig, lebendige Arran- gements zu schaffen, die von den Gästen nicht nur bestaunt, sondern auch gerne gegessen werden und zudem auch noch gesund sind.

Bei meinen Kreationen habe ich mich immer wieder von dem Kunsthand- werk und der Geschichte meiner Hei- mat Sri Lanka inspirieren lassen.

Sri Lanka (das frühere Ceylon), die Perle des Indischen Ozeans, ist für seine Schnitzereien berühmt. Diese Kunst ist ein Teil der Kultur, die etwa 500 vor Christus entstanden ist.

Zwischen dem 14. und dem 19. Jahr- hundert entwickelte sich das Kunst- handwerk Sri Lankas weiter und die Schnitzereien aus Holz oder Elfen- bein und Skulpturen aus Silber oder Messing waren sehr gefragt.

Sehr berühmt sind die Grizzly- Masken aus Holz, Messing, Silber und Elfenbein, die die damaligen Inselbe- wohner bei Ritualen trugen.

Die bunt bemalten, dämonisch wirkenden Masken symbolisieren die Charaktere und Eigenschaften der verschiedenen Tiere. Noch heute wer- den diese Masken von Teufelstänzern im Süden von Sri Lanka getragen.

In den Ethnologischen Museen von München und Berlin können Sie Sammlungen srilankischer Masken bewundern.

Im heutigen Sri Lanka sind die Schnitzereien moderner geworden. Viele Hoteliers haben mittlerweile

stischen Haushalt, wie auch in budd-histischen Tempeln, ist das Opfer des „Gilan Pasa Pooja", bei dem die erste Portion eines jeden Mals oder Getränks für Buddha bestimmt ist, ein tägliches Ereignis.

Die Gaben werden Buddha zu Ehren aufwendig zubereitet und mit pracht-voll geschnitztem Obst und Gemüse dekoriert. Die Schale, aus der Buddha seine Gaben zu sich nehmen soll, wird oft ebenfalls aus einer Frucht geschnitzt.

Mittlerweile hat auch die europäische Gastronomie die exotischen Gemüse-schnitzereien entdeckt und den Beruf des „Kitchen Artist" entwickelt.

entdeckt, dass diese Skulpturen und Schnitzereien große Anziehung auf Touristen ausüben.

Viele Köche haben die historischen Vorlagen in Obst und Gemüse umge-setzt. Die Kunst des Gemüseschnit-zens hat in Sri Lanka aber nicht nur einen kunstgeschichtlichen Hinter-grund. Auch die Religion spielt eine große Rolle: In nahezu jedem buddhi-

AUF DIE FRISCHE
KOMMT ES AN …

TIPPS UND TRICKS FÜR EIN GUTES GELINGEN

Obst und Gemüse sind nicht nur sehr wichtige Bestandteile unserer täglichen Ernährung, sie können auch mit ein bisschen Geduld, Übung und Geschick jedes Tellergericht, jede Tafel oder jedes Büffet zu einem sinnlichen Erlebnis der besonderen Art machen. Überraschen Sie Ihre Gäste mit kunstvollen Kleinigkeiten als Tellerdekoration oder mit kunstvollen Arrangements für einen Empfang. Von einfach bis kompliziert, von Einzelstück bis Bouquet – lassen Sie Ihrer Phantasie freien Lauf.

Das gute Gelingen hängt dabei nicht nur von Ihrer Geschicklichkeit, sondern auch von der Auswahl der zu verarbeitenden Materialien und natürlich auch vom geeigneten Werkzeug ab. Je besser die Qualität des Ausgangsmaterials, desto schöner das Endprodukt. Versuchen Sie, Obst und Gemüse der Saison entsprechend einzukaufen. Damit ist am ehesten gewährleistet, dass die Früchte eine optimale Reife besitzen.

Achten Sie bei der Auswahl des Materials auf eine schöne Färbung und

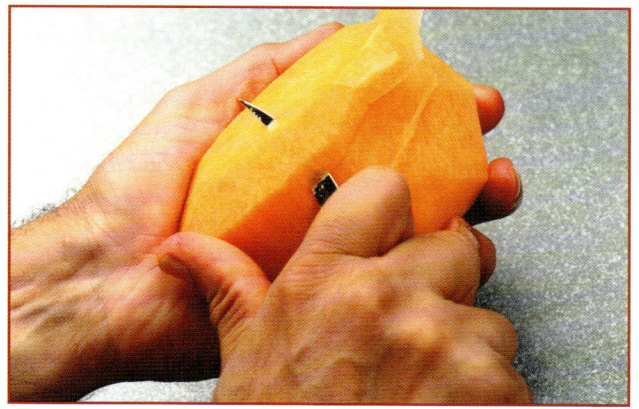

darauf, dass das Gemüse keine Druckstellen aufweist. Diese behindern nicht nur die Verarbeitung, sondern lassen die Frucht auch schneller vergehen.

Achten Sie beim Obst- und Gemüsekauf auf Festigkeit. Je weicher das Material ist, desto ungenauer werden später die Schnitte und die Werkstücke lassen sich auch schlechter festhalten. Halten Sie das Werkstück immer vorsichtig, um nichts zu zerstören, aber auch immer fest, damit es Ihnen nicht aus der Hand rutscht. Dabei könnte nicht nur Ihr Kunstwerk kaputt gehen, Sie können sich auch mit dem scharfen Werkzeug verletzen. Sie sollten auf weiche Gemüse- und Obstsorten wie zum Beispiel auf Bananen auf jeden Fall verzichten.

Besonders gut eignen sich für den Anfang feste Sorten wie weiße und rote Rettiche, um kleinere Objekte zu schnitzen. Tomaten bergen da einen höheren Schwierigkeitsgrad und sollten erst mit etwas Übung in Angriff genommen werden. Für große Objekte eignen sich Melonen ganz besonders gut. Die umfangreiche Farbpalette von dunkelgrün bis gelb und ihre Festigkeit laden gerade dazu ein, sich an ihnen zu versuchen.

Bewahren Sie das Schnitzmaterial, vor allem feste Sorten von Ananas bis Zucchini, bis zur Verarbeitung im Kühlschrank auf. Nach der Entnahme aus dem Kühlschrank sollten Sie schnell beginnen.

Stellen Sie das Material für Ihre Kunstwerke je nach Anlass und Motiv zusammen. Kombinieren Sie unterschiedliche Obst- und Gemüsesorten und spielen Sie mutig mit den Farben. Viele Arrangements leben von gekonnten Farbkombinationen.

Gehen Sie bei der Auswahl nicht nur nach den Farben der unbearbeiteten Materialien. Bedenken Sie auch, dass manche Früchte unterschiedliche Farbschichten für Sie bereit halten. Je nach Tiefe der Schnitte oder Kerben wird eine andere Farbe freigelegt. Am deutlichsten ist dieses Farbenspiel bei einer Wassermelone zu beobachten. Unter der grünen Schale befindet sich erst eine weiße Schicht Fruchtfleisch, bevor das rote hervorleuchtet. Machen Sie sich auch diese Farben zu nutze und arbeiten Sie mit verschiedenen Schnitttiefen.

Bevor Sie mit Ihrer Arbeit beginnen, sollten Sie darauf achten, dass Ihr Werkzeug gut geschärft ist. Mit stumpfen Messern erzielen Sie schlechte und unbefriedigende Ergebnisse. Das Verletzungsrisiko ist auch ungleich höher.

Ihre Arbeitsfläche sollte für Sie eine angenehme Höhe haben und an Ihrem Arbeitsplatz sollte es hell sein. Sitzen Sie entspannt und halten Sie das Messer locker in der Hand. Sie sollten sich Zeit für Ihre Arbeit lassen. Wenn Sie das Schnitzmesser wie einen Stift führen, können Sie die Schnittführung und Schnitttiefe am Besten kontrollieren.

Halten Sie immer ein Gefäß mit Eiswasser bereit, in das Sie die fertigen Stücke sofort hineinlegen können. So bleiben sie frisch bis sie gebraucht werden, und zarte Objekte wie Blüten können „aufblühen". Für einen längeren Transport eignen sich mit Eiswasser gefüllte Styroporkisten. Wenn große Arrangements für Büffets eine lange Zeit frisch überdauern sollen, besprühen Sie sie halbstündlich mit Eiswasser. Die fertigen Objekte überdauern auch eine Nacht im Kühlschrank.

Ich wünsche Ihnen viel Spaß beim Ausprobieren!

SAISONTABELLE

Gemüse / Obst	Frühsaison	Hochsaison	Spätsaison
Aubergine	Juni-Juli	August-September	Oktober-November
Blumenkohl	Mai-Juni	Juli-Oktober	November
Gurke	Mai	Juni-September	Oktober-November
Karotte	Juni	Juli-November	Dezember-Februar
Kohl	Mai-August	September-November	Dezember-Januar
Kürbis	Juli-August	September-Dezember	Januar-Februar
Lauch	März	April-November	Dezember-Februar
Honigmelone	Mai-Juni	Juli-Oktober	November
Rettich, rot	Januar-März	April-August	September-November
Rettich, weiß	April-Mai	Juni-November	Dezember-Januar
Rote Beete	Juli	August-November	Januar- März
Tomate	Juni-Juli	August-September	Oktober-November
Wassermelone	Juli	August-Dezember	Januar
Zucchini	Juni	Juli-Oktober	November
Zwiebel	Mai-Juni	Juli-September	Oktober-Februar

WERKZEUGE UND MESSER

Um dekorative und Appetit anregende Dekorationen aus Obst und Gemüse herstellen zu können, braucht man das richtige Gerät.

Auf den folgenden Seiten werden einige der wichtigsten Werkzeuge und ihre Anwendungsmöglichkeiten vorgestellt.

1

Apfelentkerner [1]

Mit Hilfe der scharfen Zacken wird der Apfelentkerner an der Blüte in die Frucht eingedreht und das Gehäuse herausgezogen.

Es können auch große Früchte damit perforiert werden, beispielsweise um Blumen darin festzustecken.

ESSBARE TISCHDEKORATIONEN

WERKZEUGE UND MESSER

Buntschneider [2]

Das Messer, das die uns bekannten, gewellten Scheiben von Roter Beete, Gurken und Möhren schneidet, bringt auch Butter und Käse in eine attraktive Form.

2

Dekoriermesser [3]

Sticht man beispielsweise Melonen oder Kürbisse rund um ihren „Äquator" ein, erhält man zwei gezackte, dekorative Hälften.

3

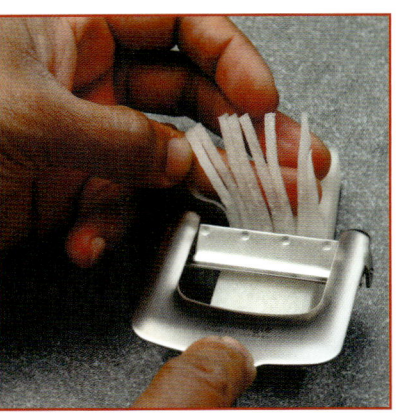

4

Julienne-Schneider [4]

Der Julienne-Schneider dient zum Schneiden feiner Streifen
aus Möhren, Zucchini, Gurken und anderen nicht zu weichen
Gemüsearten.

Ob zum Garnieren oder zur Herstellung langer Gemüse-
spaghetti – der Kreativität sind damit kaum Grenzen
gesetzt.

Kartoffelspirale [5]

5

Spiralen aus Kartoffeln, Rettich, Möhren und anderem Hartgemüse versetzen die Gäste immer wieder in Erstaunen.

Das Gerät mit der Spitze in die Frucht eindrehen und mit
der fertigen Spirale wieder herausdrehen.

Die ausgehöhlte Frucht kann beispielsweise mit Frischkäse
gefüllt werden.

6

Kerbmesser [6]

Mit dem Kerbmesser lassen sich
Kerben unterschiedlicher Tiefe
erzeugen.

Kleine Gemüse wie Radieschen
können damit ebenso erfolgreich
bearbeitet werden wie Kürbisse.

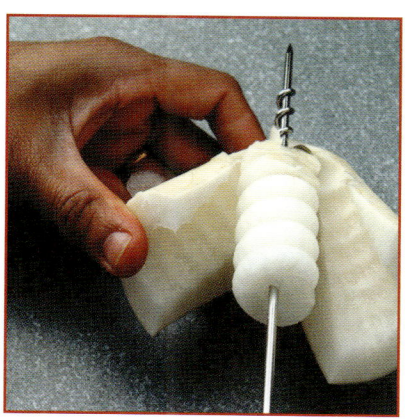

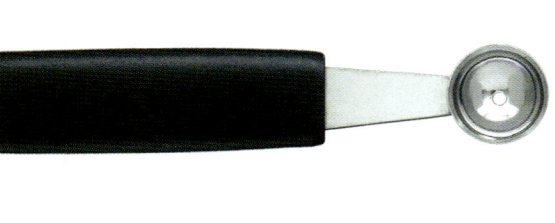

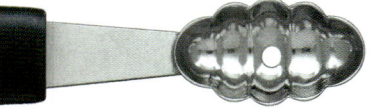

Kugelformer [7]

Parisienneausstecher, Kartoffelbohrer, Kugelausstecher

Kleiner Einsatz, große Wirkung: Kugeln aus Melonen, Papaya, Mango, Butter oder Kartoffeln (sogenannte „pommes parisiennes") machen Spaß und jede Speise zu etwas Besonderem.

Den Kugelformer gibt es nicht nur in verschiedenen Größen, sondern auch in unterschiedlichen Formen, wie zum Beispiel oval oder mit Wellen.

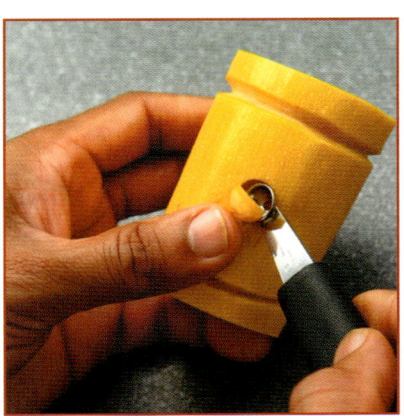

Perlenausstecher [8]

Der „Mini"-Kugelformer liefert kleine Perlen. Er eignet sich besonders zur Dekoration von Tellergerichten und Desserts. Für das Schnitzen filigraner Formen und Figuren ist der Perlenausstecher unverzichtbar.

9

Spiralschneider [9]

Wie beim Bleistiftspitzen werden Rettich, Möhren und andere Hartgemüse durch den Spiralschneider geführt und eine Spirale herausgedreht. Wunderbar einfach mit faszinierender Wirkung.

Zester [10]
Fadenreißer, Fadenschneider, Zestenreißer, Juliennereißer

Mit der feinen Lochung können dünne Streifen zum Beispiel aus Schalen von Zitrusfrüchten oder aus Schokolade hergestellt werden.

10

Ziseliermesser [11]

Das Ziseliermesser dient zum Kerben von Obst und Gemüse unterschiedlicher Härte. Dadurch, dass es über die Frucht gezogen wird und die Tiefe der Einkerbung genau definiert ist, ist seine Handhabung besonders einfach.

Sparschäler / Pendelschäler [12]

Sparschäler oder Pendelschäler sind das Muss jeder Küche. Schneller und effizienter als mit diesem Gerät lässt sich keine Frucht von ihrer Schale befreien.

**Das triangle®
Schnitzmesser-Set**

Das triangle® Schnitzmesser-Set
enthält die für eine Grundaus-
stattung erforderlichen Spezial-
messer, um Früchte und Gemüse
dekorativ und professionell
bearbeiten zu können.

Die unterschiedlich geformten
Klingen, gehärtet und handge-
schärft, ermöglichen das Ausar-
beiten feiner Formen und Kon-
turen.

Die im vorderen Teil mit einem
Softgrip versehenen und ergo-
nomisch geformten Griffe garan-
tieren eine sichere Führung.

Alle Teile sind spülmaschinen-
fest.

A

B

C

D

E

F

G

H

Schnitzwerkzeuge im engeren Sinne

Die rund gebogenen Messer
[A und B] werden beispielsweise für
die Herstellung kreisförmig angeord-
neter Blütenblätter, Schuppen oder
Ornamente benötigt. Je kleiner der
Durchmesser dieser Werkzeuge ist,
umso feiner sind die Formen, die mit
ihrer Hilfe erzeugt werden.

Die so genannten **V-Messer [C und D]**
sind unerlässlich, wenn es darum
geht, Spitzen, schlanke Kerben und
markante Muster auszuarbeiten.

Sie wurden speziell für die Herstellung filigraner Blätter, markanter Zier-
den und präziser Rillen entwickelt.

Mit dem **Kantenmesser [E]** lassen sich
ebenfalls Blütenblätter und Ornamente erzeugen.

Das **Sichelmesser [F]** ist das am häufigsten gebrauchte und für fast jede Dekoration erforderliche Werkzeug.

Seine lange, gebogene, zur Spitze hin flexibel geschliffene Klinge ermöglicht ein präzises Einschneiden der Schale, die Ausarbeitung bizarrer Formen und das Nachfahren komplizierter Linien.

Der **Kugelformer [G]** ist der Schlüssel zur Herstellung attraktiver Kugeln aus Papayas, Melonen, Kartoffeln, Rettichen und anderen Gemüsesorten.

Das **Schärfgerät [H]** besitzt eine spezielle Geometrie, die das Schärfen sowohl der runden als auch der spitzen Werkzeuge ermöglicht.

TELLERDEKORATIONEN

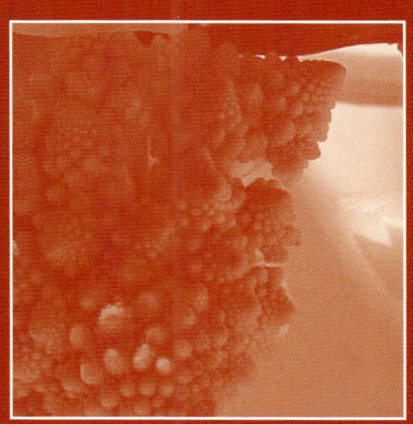

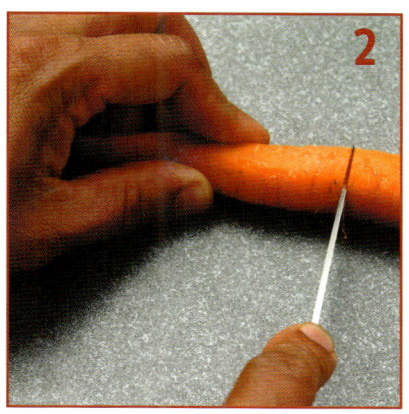

1.

Nehmen Sie eine große Karotte und schneiden Sie das Grün ca. 3 cm oberhalb des Stielendes ab.

2.

Schneiden Sie den unteren Teil der Karotte so ab, dass noch 6 bis 7 cm übrig bleiben, mit denen Sie weiterarbeiten.

3.

Schneiden Sie mit dem **Sichelmesser [F]** die Karotte in Ihre ursprüngliche Form zurück.

4.

Mit dem **Kerbmesser [6]** ziehen Sie nun Spiralen oder ein Karomuster in die Karotte.

Abschließend kann das Grün der Karotte mit Petersilienzweigen dekoriert werden.

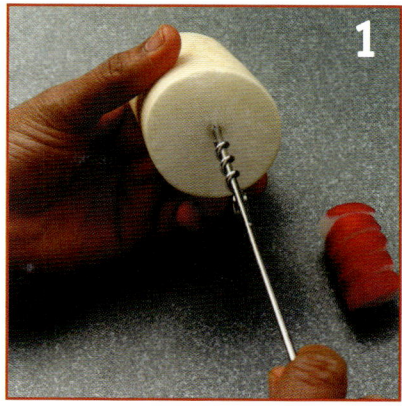

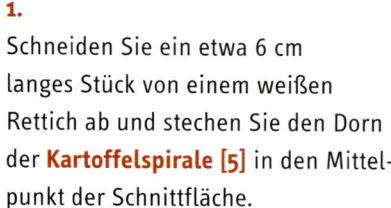

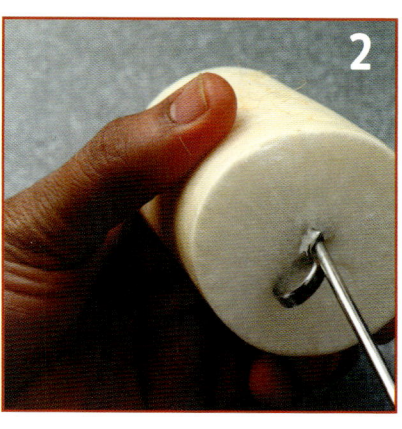

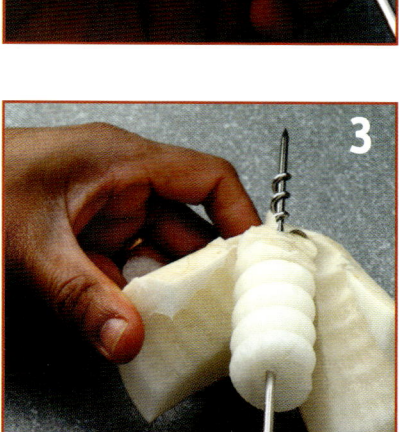

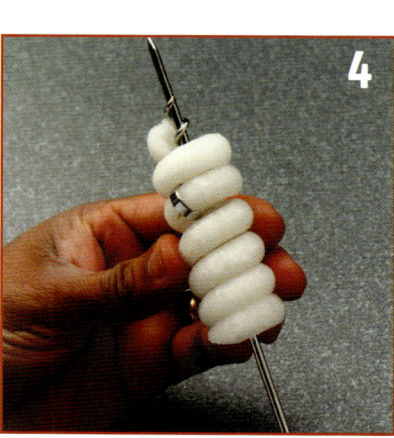

1.
Schneiden Sie ein etwa 6 cm langes Stück von einem weißen Rettich ab und stechen Sie den Dorn der **Kartoffelspirale [5]** in den Mittelpunkt der Schnittfläche.

2.
Drehen Sie ihn dann langsam um die eigene Achse in das Rettichstück hinein.

3.
Wenn Sie nun die Kartoffelspirale durch das Werkstück hindurchgedreht haben, befreien Sie sie mit zwei gegenüberliegenden Schnitten. So können Sie das überflüssige Material in zwei Hälften auseinander klappen und die Spirale liegt frei. Schneiden Sie nicht zu tief, da Sie sonst das Werkstück beschädigen könnten.

4.
Drehen Sie nun die Kartoffelspirale in die entgegengesetzte Richtung, um sie vorsichtig aus dem Werkstück zu befreien. Für Tellerdekorationen können Sie jede Art von Hartgemüse wie roten Rettich, Kartoffeln, Gurken, Zucchini etc. verwenden.

Verzieren Sie die Spiralen noch zusätzlich mit Petersilienblättern oder Dill.

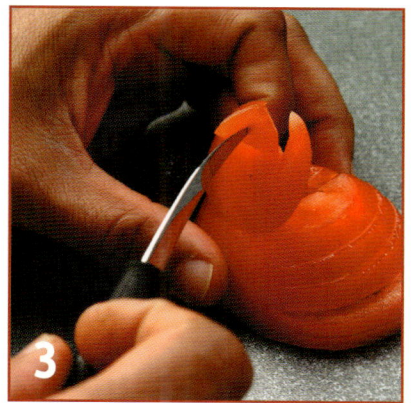

1.

Stellen Sie eine große Tomate auf den Stielansatz und schneiden Sie sechsmal parallel, gleichmäßig tief hinein.

Achten Sie darauf, dass die Scheiben nicht vollständig von einander getrennt werden. Das letzte Stück kann ganz abgetrennt werden, damit die Krabbe eine Standfläche erhält.

2.

Heben Sie die oberste Scheibe, die später der Krabbenkopf sein wird, vorsichtig an und schneiden Sie mit einem scharfen Messer die darunterliegenden Scheiben mittig durch.

3.

Schneiden Sie aus dem Krabbenkopf ein geschwungenes Dreieck heraus, damit unsere Krabbe ein Gesicht erhält.

4.

Drücken Sie nun vorsichtig auf den Krabbenkopf, damit sich die einzelnen Beinchen seitlich auseinanderschieben.

5.

Stechen Sie mit einem Zahnstocher zwei kleine Löcher für die Stielaugen in den Krabbenkopf und stecken Sie je eine Gewürznelke hinein.

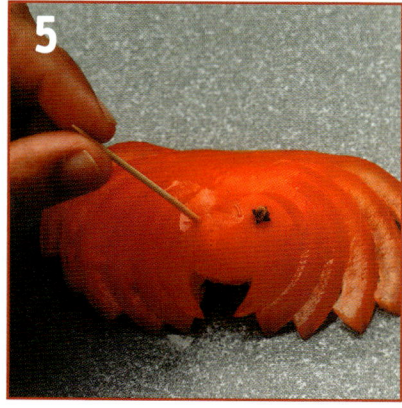

35

TOMATENBLUME

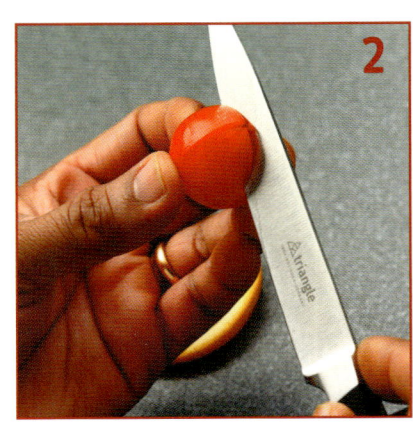

1.

Schneiden Sie aus der Mitte einer Orange eine etwa 0,5 cm dicke Scheibe heraus.

2.

Nehmen Sie eine Kirschtomate und ritzen Sie mit einem scharfen Messer ein Kreuz in die Schale.

Achten Sie dabei darauf, dass Sie das Fruchtfleisch im Inneren nicht verletzen.

3.

Öffnen Sie ganz vorsichtig mit einem **Sichelmesser [F]** die einzelnen Blütenblätter.

4.

Setzen Sie nun eine oder mehrere Kirschtomatenblüten auf die Orangenscheibe.

Sie können das Arrangement zusätzlich mit Petersilie oder Dillzweigen dekorieren.

1.

Entfernen Sie von einem weißen Rettich die Blätter, sodass Sie einen etwa 25 cm großen Kegel erhalten. Schneiden Sie rings um das Werkstück Scheiben ab, um dem Kegel eine sechsseitige Form zu geben.

2.

Ziehen Sie auf jeder Fläche über die gesamte Länge mit dem **Kerbmesser [6]** oder **Ziseliermesser [11]** lange Kanälchen.

3.

Führen Sie nun den Rettich mit der Spitze voran in den **Spiralschneider [9]**. Halten Sie dabei das Werkzeug fest in der einen Hand und drehen Sie den Rettich wie einen Bleistift beim Anspitzen.

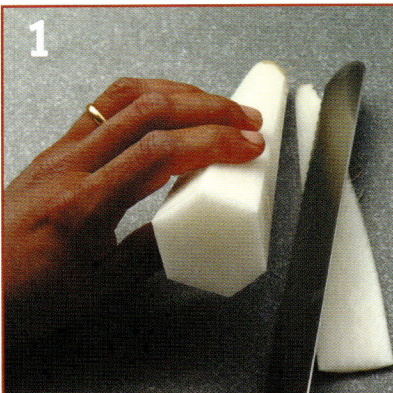

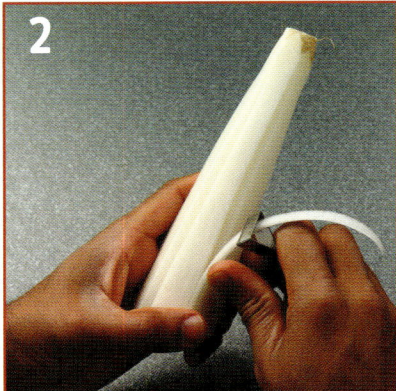

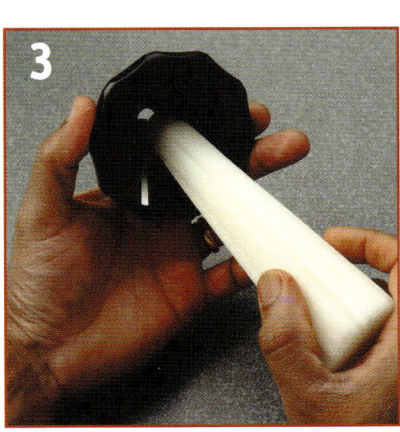

4.
Drehen Sie gleichmäßig und ohne zu unterbrechen weiter, damit die Girlande nicht zerreißt.

Sie können außer Rettich auch andere feste Gemüse wie Karotten verwenden und so die Girlanden farblich kombinieren.

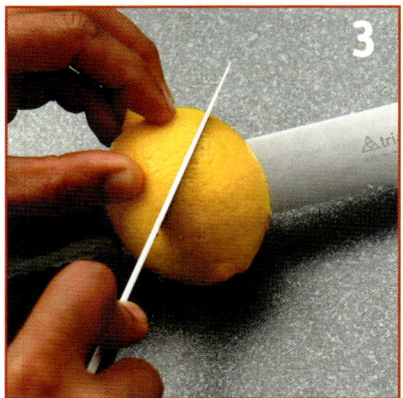

1.

Stellen Sie die Zitrone mit der Spitze auf den Tisch und halten Sie sie gut fest. Stechen Sie mit einem scharfen Messer in der Mitte durch die Frucht hindurch und schneiden Sie von dort aus bis auf die Arbeitsfläche hinunter.

2.

Legen Sie die Frucht auf die Seite und führen Sie ein Messer mit einer breiter Klinge, wie hier z.B. ein Sägemesser, in den Schnitt ein. Mit dem zuvor verwendeten Messer schneiden Sie schräg über die Mitte der Zitrone bis zum Sägemesser hinunter.

3.

Drehen Sie das Objekt auf die andere Seite und führen Sie den gleichen Schnitt aus wie zuvor.

4.

Zum Schluss ziehen Sie das Sägemesser vorsichtig heraus. Wurden die Schnitte korrekt ausgeführt, fallen die Teile automatisch auseinander.

Richten Sie die beiden Puzzleteile mit einem Dill- oder Petersilienzweig auf einem Teller an und streuen Sie kleine Zucchiniwürfel ringsherum.

TELLERDEKORATIONEN

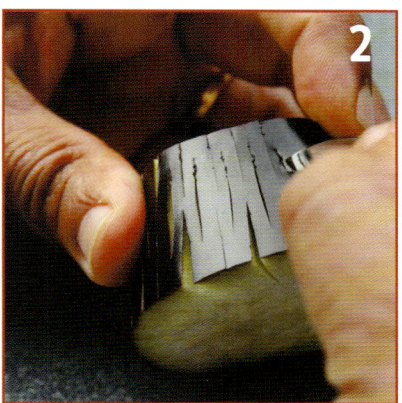

1.
Sie benötigen ein etwa 5 cm langes Stück einer Aubergine.

2.
Halten Sie nun das **Sichelmesser [F]** wie einen Stift und stechen Sie 0,5 cm unterhalb des oberen Randes ein. Schneiden Sie nun in gerader Linie herunter und beenden Sie den Schnitt etwa 0,5 cm oberhalb des unteren Randes.

Im zweiten Arbeitsschritt schneiden Sie von der oberen Kante etwa 2 cm herunter, unterbrechen Sie den Schnitt für etwa 1 cm und führen ihn dann in gleicher Linie bis zur unteren Kante fort.

Wiederholen Sie die beiden Arbeitsschritte abwechselnd solange, bis Sie einmal ganz um das Werkstück herum gekommen sind.

3. und 4.
Mit einem scharfen Messer schneiden Sie nun vorsichtig innen an der Schale entlang, um dann das Fruchtfleisch als Block herauszulösen.

Dieser flexible Ring kann auch für andere Tellerdekorationen eingesetzt werden. Bevorzugen Sie eine andere Farbe, verwenden Sie einfach eine gelbe oder grüne Zucchini.

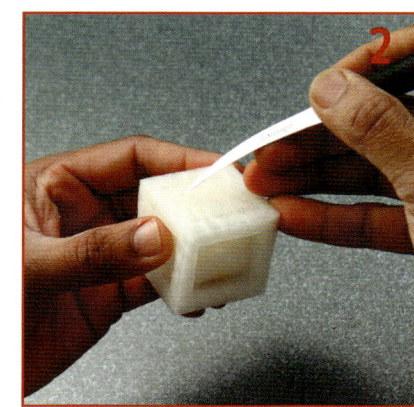

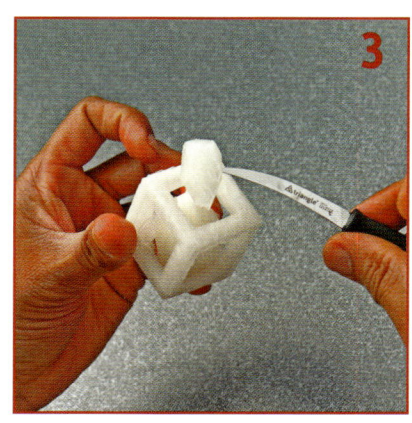

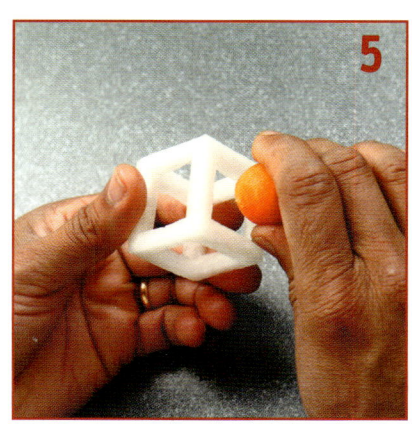

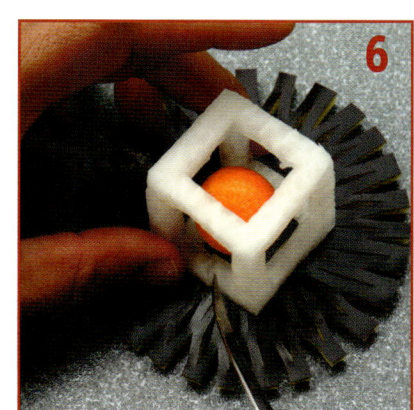

1.

Um einen schönen farblichen Kontrast zu erzielen, verwenden Sie am Besten weißen Rettich in Kombination mit einer Karotte.

Schneiden Sie eine etwa 4 cm dicke Scheibe von einem weißen Rettich ab. Formen sie daraus einen Würfel mit einer einheitlichen Kantenlänge von 4 cm.

2.

Markieren Sie mit einem **Sichelmesser [F]** auf allen sechs Würfelseiten kleinere Quadrate. Achten Sie darauf, dass genügend Abstand zum Rand bleibt.

3.

Arbeiten Sie das Fruchtfleisch nun Stück für Stück aus dem Rahmen heraus. Beim Herausholen achten Sie bitte darauf, dass die Ränder nicht beschädigt werden. Das Objekt erhält so nach und nach die Form eines quadratischen Käfigs.

4.

Stechen Sie nun mit Hilfe eines **Kugelformers [7]** eine Kugel aus einer Karotte heraus, die idealerweise im Durchmesser etwas größer als die Öffnung im Käfig sein sollte.

5.

Schieben Sie die Karottenkugel behutsam in den Käfig hinein.

Tipp

Für etwas geübtere Finger: Sie können die Kugel auch aus dem Material im Käfig formen, statt es herauszuschneiden. Die Schnitzerei ist zwar sehr viel anspruchsvoller, es entsteht so jedoch kein weiterer farblicher Kontrast.

6.

Als dekorative Unterlage für dieses Modell können Sie einen Serviettenring, die ausführliche Beschreibung finden Sie auf den Seiten 42 und 43, aus Aubergine verwenden.

Legen Sie ihn auf einen Teller und drücken Sie ihn vorsichtig flach. Setzen Sie den Käfig mit der gefangenen Kugel dekorativ hinein.

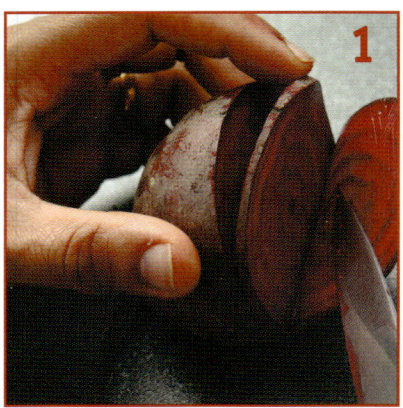

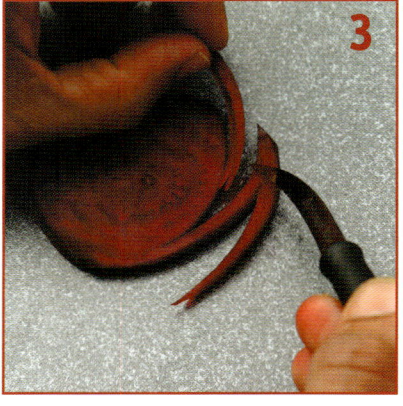

1.

Halbieren Sie eine rote Beete und schneiden Sie eine der Hälften ca. 2 mm tief parallel zum Rand ein.

Achten Sie darauf, dass Sie den Schnitt nicht ganz bis zum Ende führen, sondern etwa 3 mm als Verbindung stehen lassen.

2.

Wiederholen Sie das Ganze und führen Sie diesmal den Schnitt bis zum Ende durch, sodass Sie zwei miteinander verbundene Scheiben erhalten.

3.

Legen Sie die miteinander verbundenen Scheiben auf die Arbeitsfläche und entfernen Sie mit dem Schnitzmesser an der offenen Seite etwa einen Viertelkreis und runden Sie die entstandene Ecke leicht ab. Die Verbindung darf auch bei den weiteren Schritten nicht beschädigt werden.

4.

Lassen Sie das Objekt flach auf der Arbeitsfläche liegen und gestalten Sie nun mit zwei geschwungenen Bögen den Umriss der Flügel.

5.

Lockern Sie die Flügelflächen etwas auf, indem Sie zwei längliche Formen hineinschneiden und die Stücke vorsichtig entfernen.

6.

Nehmen Sie nun das Objekt in die eine Hand und spreizen Sie vorsichtig mit der anderen Hand die Flügel auseinander. Stecken Sie den unteren Teil der Fühler zwischen den Flügeln fest.

Stecken Sie den Schmetterling mit Hilfe eines Zahnstochers auf eine Blüte. Anregungen für verschiedene Blütenformen finden Sie bei der Buffet-Dekoration auf den Seiten 117 ff.

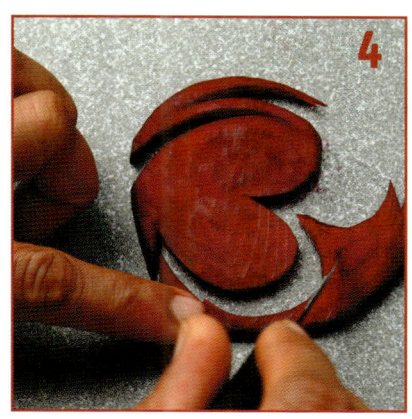

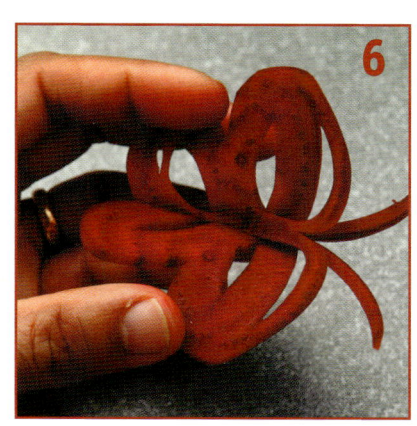

1.

Schneiden Sie aus der Mitte einer Salatgurke eine etwa 4 cm dicke Scheibe heraus. Legen Sie die Scheibe auf eine Schnittfläche und trennen Sie seitlich ein Stück ab, um eine Standfläche zu erhalten.

2.

Stellen Sie das Werkstück nun auf die Standfläche und schneiden Sie mit einem scharfen Messer etwa 0,25 cm dicke Scheiben V-förmig ein. Achten Sie darauf, dass Sie nicht bis zur Arbeitsfläche herunterschneiden. Die einzelnen Scheiben müssen miteinander verbunden bleiben.

3.

Schälen Sie nun von der Standfläche ausgehend die Schale dünn in einem Stück ab. Lassen Sie aber ca. 1 cm der Schale, bevor Sie einmal um das Werkstück herumgeschnitten haben, stehen.

4.

Ebenso dünn schneiden Sie nun das Fruchtfleisch ein und lassen wiederum ca. 1 cm stehen.

5. und 6.

Rollen Sie zuerst die Schalen- und dann die Fruchtfleischstreifchen nach innen ein.

1.

Schneiden Sie von der Tomate zuerst eine Scheibe mit dem Stielende ab, damit das Objekt eine Standfläche erhält und stabil stehen kann.

Führen Sie nun mit einem scharfen Messer von rechts oben sehr vorsichtig einen sauberen Schnitt und danach von links oben, damit eine V-Form entsteht.

2.

Schneiden Sie nun parallel zu diesem ersten V weiter ein. Es ist wichtig, dass die Schnitte sauber ausgeführt werden, da man ansonsten später die einzelnen Elemente nicht richtig auseinander schieben kann.

3.

Nach etwa dem vierten V-Schnitt wiederholen Sie den Vorgang auch an den Seiten der Tomate und schneiden dort ebenfalls V-förmige Segmente heraus.

4.

Stellen Sie nun das Objekt auf die Arbeitsfläche und schieben Sie behutsam mit dem Finger die mittleren V-Elemente wie einen Fächer auseinander.

Fächern Sie die seitlichen Elemente in entgegengesetzter Richtung auseinander.

1.

Schneiden Sie aus einem Kürbis ein ovales Stück von 15 cm Länge und etwa 6 cm Breite heraus, und schneiden Sie an einer Seite ein dünnes Stück ab, um eine Standfläche zu erhalten. Bringen Sie das Werkstück mit einem **Sichelmesser [F]** grob in eine Fischform.

2.

Um den Kopf deutlich vom Schwanz zu trennen, schnitzen Sie eine Taille und geben Sie dem Kopf eine runde Form.

3.

Schneiden Sie für die Augenbrauen je zwei große Bögen parallel in das Werkstück. Schneiden Sie dann jeweils außen, den Bögen folgend, Fruchtfleisch weg, damit die Brauen deutlich hervortreten können.

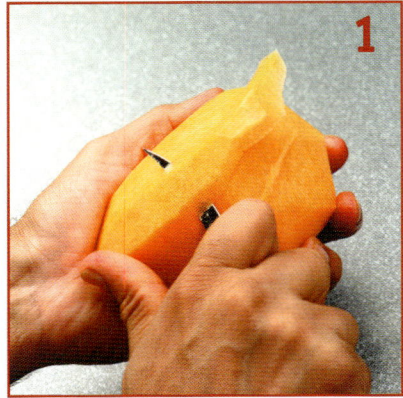

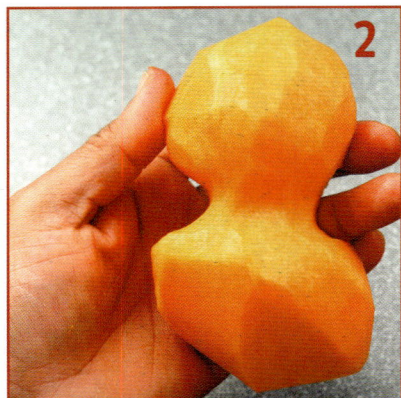

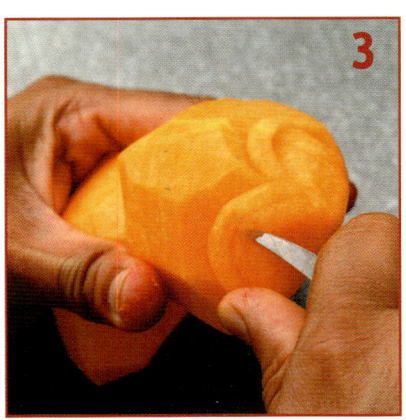

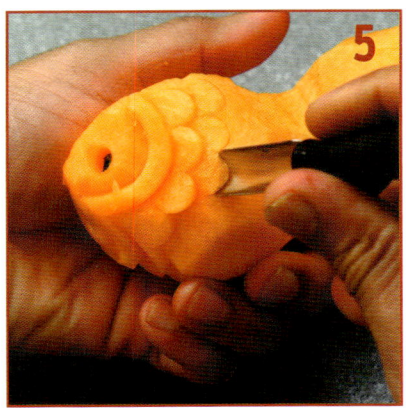

4.

Unterhalb der Augenbrauen stechen
Sie, da wo die Augen sitzen sollen,
mit dem kleinen, rund gebogenen
Schnitzmesser [B] zwei kleine Löcher
und setzen Auberginenstückchen ein,
die Sie zuvor mit dem selben Werkzeug herausgearbeitet haben.

5.

Stechen Sie mit dem großen, rund
gebogenen **Schnitzmesser [A]** hinter
den Brauen in einem großen Bogen
nebeneinander schräg nach unten die
Fischschuppen ein.

6.

Nach jeder beendeten Schuppenreihe
schneiden Sie mit einem **Sichelmesser [F]** an der Bogenreihe entlang
einen Streifen Fruchtfleisch ab, damit
die Schuppen plastisch hervortreten.

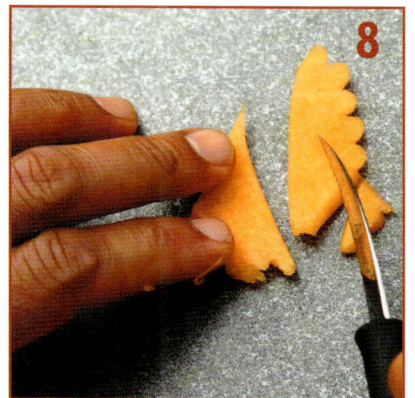

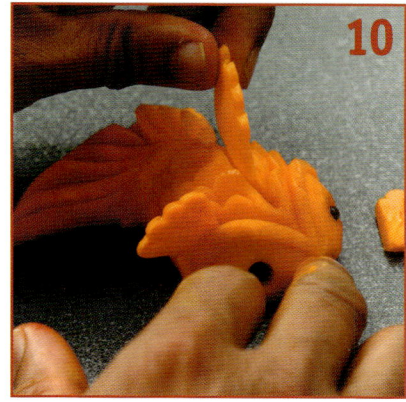

7.
Bearbeiten Sie mit dem Schnitzmesser die Schwanzflosse.

8.
Schneiden Sie aus einem Kürbiswürfel von 4 cm Kantenlänge drei 0,5 cm schmale Scheiben heraus. Legen Sie für die Seitenflossen zwei Scheiben übereinander und schneiden Sie die Flossenform heraus. Verzieren Sie die Ränder mit Hilfe des kleinen, rund gebogenen Schnitzmessers.

Die Rückenflosse wird aus der dritten Scheibe herausgearbeitet und sollte schmaler und länglicher sein als die Seitenflossen.

9.
Ziehen Sie nun mit Hilfe des **Ziseliermessers [11]** der Länge nach je eine tiefe Rille in die Seiten und auf dem Rücken.

10.
Stecken Sie nun die Seitenflossen und die Rückenflosse in die vorgesehenen Rillen.

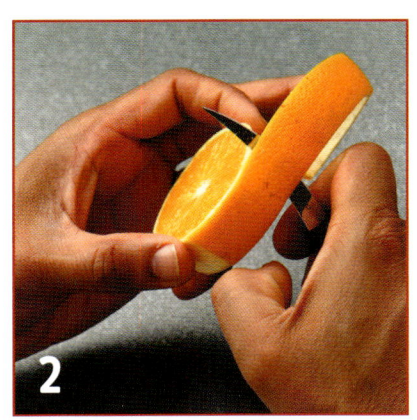

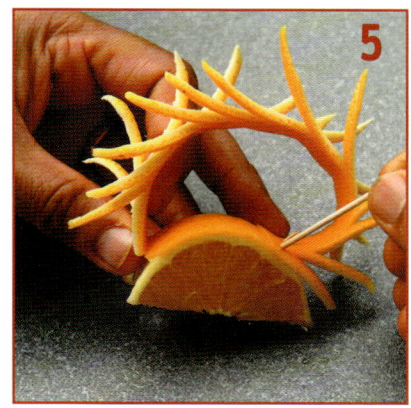

1.

Schneiden Sie von einer Orange oder einer Zitrone die Spitze und den Stielansatz ab, sodass Sie eine etwa 2 cm dicke Scheibe erhalten.

2.

Schälen Sie die Schale der Scheibe rundherum in einem Stück ab, lassen Sie aber ca. 1 bis 2 cm stehen.

3.

Halbieren Sie die Scheibe und verwenden Sie nur die Hälfte mit dem Schalenstrang weiter.

4.

Legen Sie das Werkstück auf den „Rücken" und halten Sie dabei den Schalenstrang fest. Schneiden Sie nun von beiden Seiten dünne, schräge Streifchen in den Schalenstrang.

5.

Stellen Sie das Objekt mit der gefiederten Schale nach oben auf die Schnittfläche und schlagen Sie sie in einem Bogen zurück. Benutzen Sie Zahnstocher, um den Schalenbogen an der Orange festzustecken.

Den Zitruskönig können Sie nun mit weiteren Blüten – eine ausführliche Beschreibung für eine passende, filigrane Blüte finden Sie auf den Seiten 112 ff. – oder aber auch mit Zesten auf dem Teller weiter dekorieren.

6.

Zesten können ebenso wie Julienne – eine Beschreibung finden Sie auf Seite 63 – als zusätzliches dekoratives Element eingesetzt werden. Im Gegensatz zu Julienne werden Zesten nicht geschnitten sondern gerissen und sind kürzer und gebogen.

Als Material sollten festere Früchte wie zum Beispiel Zitronen gewählt werden. Ziehen Sie einen **Zester [10]** mit etwas Druck an der Zitronenschale entlang. Die fertigen Zesten fallen automatisch herab.

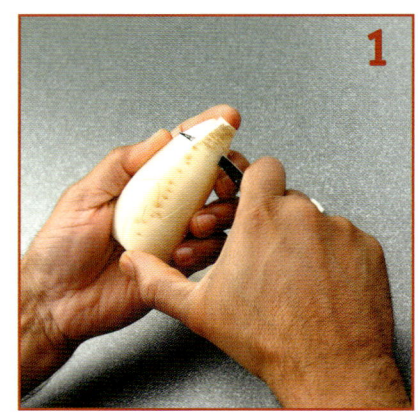

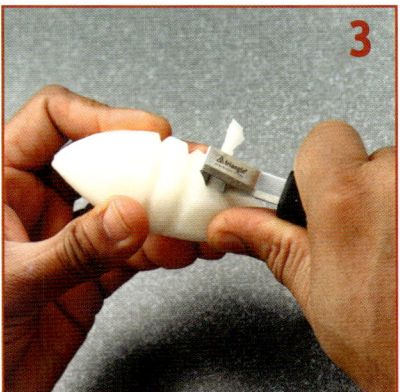
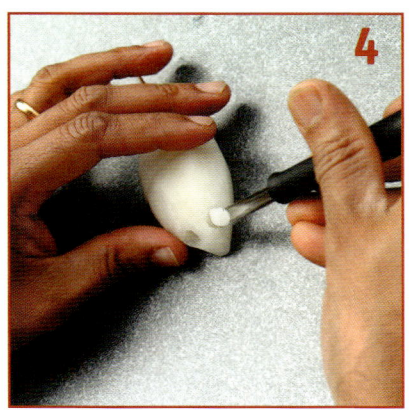

1.
Schneiden Sie ein etwa 7 bis 8 cm langes Stück von einem weißen Rettich ab. Dieses Stück sollte an einem Ende spitz zulaufen.

Schälen Sie es mit einem **Sichelmesser [F]** und schnitzen Sie das Werkstück in die Form eines Bienenkörpers.

2.
Stecken Sie einen Zahnstocher als Bienenstachel in das spitze Ende des Körpers.

3.
Mit dem **Kerbmesser [6]** überziehen Sie den Körper mit parallelen Querrillen.

4.
Für die Augen stechen Sie, mit einem kleinen, rund gebogenen **Schnitzmesser [B]** zwei kleine Löcher aus.

5.

Mit dem selben Werkzeug stechen Sie zwei passende Zylinder aus einer Aubergine und setzen Sie sie in die vorbereiteten Löcher ein.

6.

Schneiden Sie ein weiteres, 4 cm langes Stück Rettich ab und stellen Sie den Zylinder auf die Schnittfläche.

Schneiden Sie aus der Mitte zwei etwa 0,5 cm dicke Scheiben heraus.

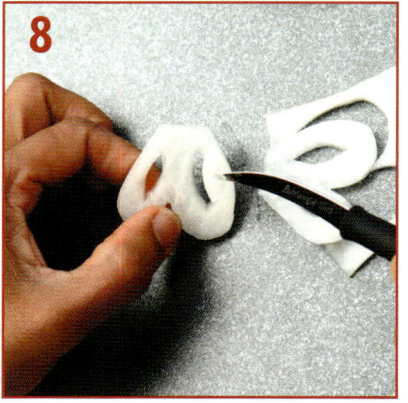

7.

Legen Sie die beiden Scheiben aufeinander und schneiden Sie für die Flügel eine Herzform heraus.

8.

Schneiden Sie nun zwei kleine längliche, ovale Figuren in jeden Flügel hinein und entfernen Sie die überflüssigen Stücke.

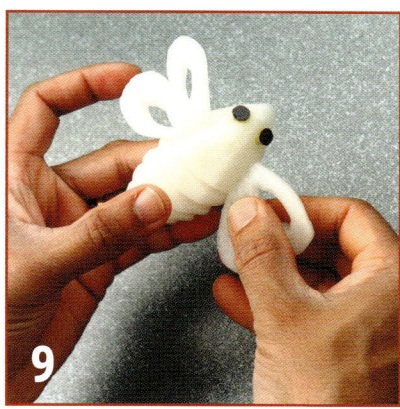

9.

Schneiden Sie auf der rechten und der linken Seite des Bienenkörpers jeweils einen Spalt hinein, um die Flügel einsetzen zu können.

Diese Spalten sollten tief genug sein, damit Sie die Flügel richtig feststecken können.

10.

Halbieren Sie eine Papaya und verwenden Sie den kugeligen Teil.

Setzen Sie mit dem Kerbmesser in der Mitte an und führen Sie es in einer engen Spirale bis hinunter zur Schnittfläche.

11.

Befestigen Sie die Biene mit Hilfe eines Zahnstochers auf der Spitze.

12.

Als weiteres Dekorationselement bieten sich lange, feine Streifen, so genannte Julienne an.

Benutzen Sie hierfür ein weiches Gemüse wie Gurke oder Zucchini, und ziehen Sie den **Julienne-Schneider [4]** darüber.

Für farbliche Kontraste verwenden Sie unterschiedliche Gemüseschalen, die Sie anschließend mischen.

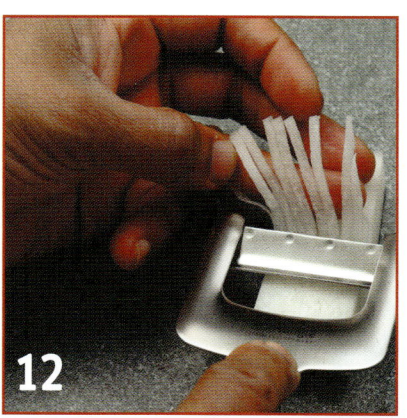

1.

Wählen Sie eine besonders große Papaya aus. Stechen Sie nun, entlang ihres Äquators, mit dem **Dekoriermesser [3]** tief in die Frucht hinein.

Ziehen Sie es heraus, drehen Sie es um und stechen Sie es wieder hinein. So entsteht eine Zick-Zack-Linie.

2.

Trennen Sie nun ganz vorsichtig die beiden Papayahälften voneinander. Verwenden Sie die schmal zulaufende obere Hälfte und schneiden Sie den Stielansatz ab, um eine Standfläche zu erhalten.

3.

Schneiden Sie von oben etwa 3 bis 4 cm tief parallel zur Schale mit einem Abstand von etwa 0,5 cm einmal herum, damit die Blütenblätter hervortreten.

Führen Sie danach außen, zwischen den einzelnen Blütenblättern, jeweils einen etwa 1 cm langen und ebenso tiefen Schnitt nach unten.

4.

Schneiden Sie von außen in jedes Blütenblatt etwa 0,5 cm tief die Form eines länglichen Blättchens hinein, damit die großen Blätter „aufblühen" können.

5.

Drücken Sie nun die kleinen Blättchen nach innen und ziehen Sie mit dem Daumen die großen Blätter nach außen.

6.

Die schwarzen Papayasamen sind nicht essbar, sollten aber nicht entfernt werden, da sie einen schönen farblichen Kontrast als Blütenmitte bieten.

1.
Nehmen Sie eine Salatgurke und schneiden Sie über die gesamte Länge eine dünne Scheibe ab, um eine Stand- bzw. Liegefläche zu erhalten. Schneiden Sie danach etwa ein Viertel der Gurke gerade ab.

2.
Legen Sie die Gurke auf den „Bauch" und schneiden Sie etwa 3 cm vom rundlichen Ende entfernt auf beiden Seiten je eine v-förmige Kerbe hinein.

3.
Schneiden Sie nun auf jeder Seite des Körpers vier dünne Scheiben ab; arbeiten Sie dabei vom abgeschnittenen Ende hin zum rundlichen. Dort müssen die Scheiben aber mit dem Gurkenkörper verbunden bleiben.

4.
Formen Sie mit zwei seitlich ange-
setzten, aufeinander zu laufenden
Schnitten ein Krokodilmaul.

5.
Schneiden Sie rechts und links regel-
mäßige Zacken als Zahnreihe in das
Krokodilmaul.

6.
Trennen Sie vorsichtig mit einem
horizontalen Schnitt die Schale vom
Fruchtfleisch, um einen Ober- und
Unterkiefer zu erhalten.

7.

Gravieren Sie mit dem **Kerbmesser [6]** auf dem Rücken kurze, parallele Rillen ein.

8.

Benutzen Sie nun das kleine, gebogene **Schnitzmesser [B]**, um dort wo die Augen sitzen sollen, zwei Zylinder auszustechen. Ziehen Sie diese ein kleines Stück weit heraus.

9.

Biegen Sie nun vorsichtig vom Kopf ausgehend auf jeder Seite den ersten und dritten seitlichen Streifen nach hinten um und stecken ihn fest.

10.

Formen Sie eine Zunge aus der Schale einer gelben Zucchini und stecken Sie sie dem Krokodil ins Maul.

TISCHDEKORATIONEN

ELEFANTEN-WANDERUNG

Weiße Rettichelefanten mit dunklen Auberginenaugen

auf ihrer Wanderung durch die Sprossensavanne

mit Rettich-Romanescobäumen.

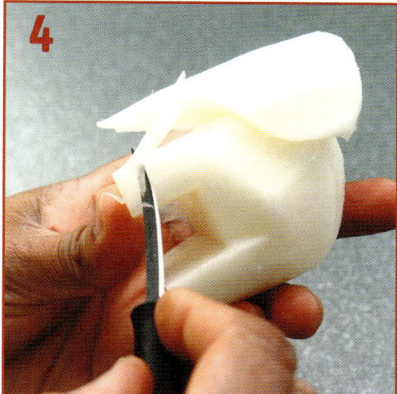

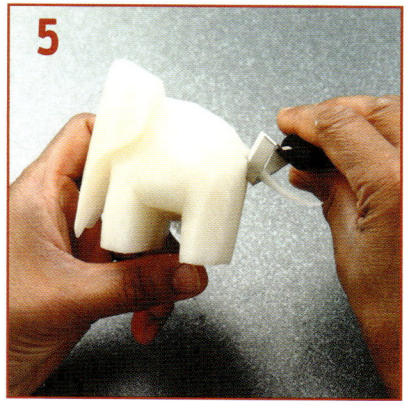

1.

Schneiden Sie ein etwa 10 cm langes Stück aus der Mitte eines weißen Rettichs heraus und schälen es. Nehmen Sie die Schnittflächen zwischen Daumen und Zeigefinger. Arbeiten Sie nun mit einem **Sichelmesser [F]** die Elefantenohren und den Rüssel aus dem Werkstück heraus.

2.

Formen Sie danach die Rückenpartie und einen runden Hinterleib.

3.

Entfernen Sie sorgfältig das überschüssige Material zwischen Rüssel und Vorderbeinen.

4.

Erarbeiten Sie nun den groben Umriss der Vorder- und Hinterbeine

Die Beine müssen gleich lang sein, damit das Tier auch gut stehen kann. Geben Sie den Beinen danach ihre endgültige Form.

5.

Nehmen Sie das **Kerbmesser [6]** und ziehen Sie es vom unteren Ende der Hinterbeine nach oben. Schneiden Sie zunächst flach, nach oben hin tiefer ein. Der Elefantenschwanz sollte dann abstehen.

6.

Mit dem selben Werkzeug ritzen Sie kurze, parallele Kerben in den Rüssel.

7.

Trennen Sie nun die beiden Vorder- und die beiden Hinterbeine von einander, indem Sie jeweils ein Rechteck herausschneiden.

8.

Stechen Sie, da wo später die Augen sitzen sollen, mit dem kleinen, gebogenen **Schnitzmesser [B]** zwei kleine Löcher.

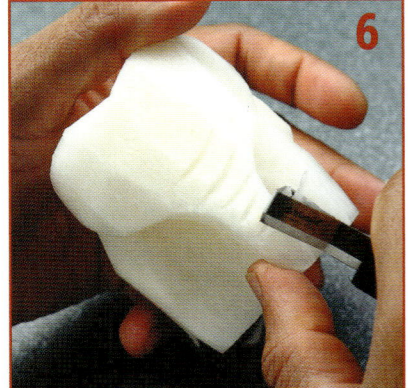

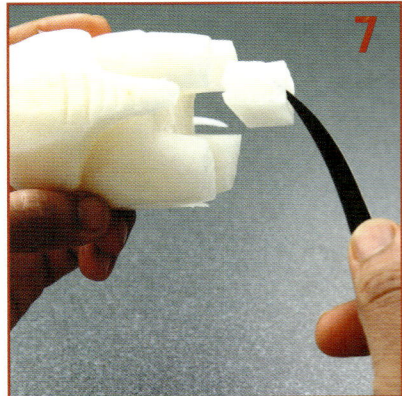

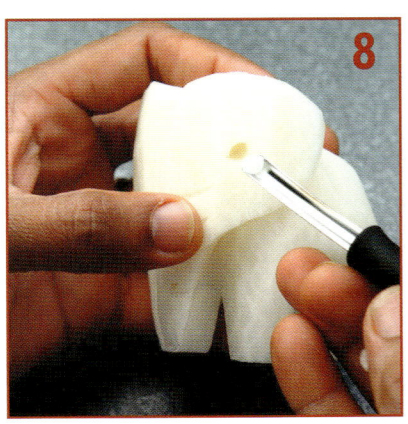

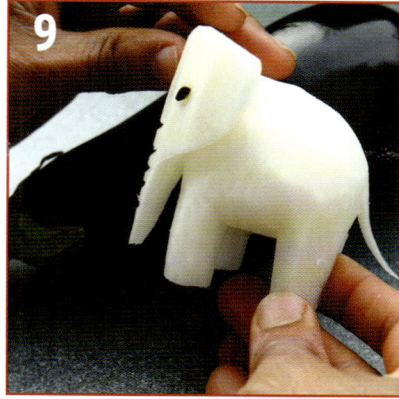

9.

Stechen Sie zwei passende Stücke aus einer Aubergine aus und setzen Sie diese als Auge ein.

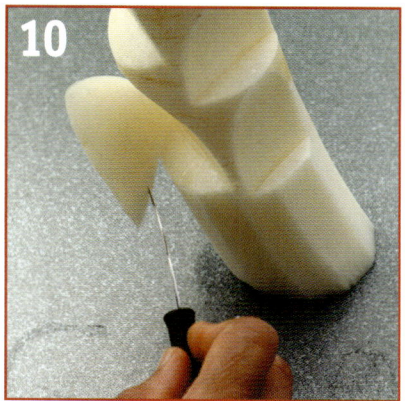

10.

Lassen Sie eine Elefantenfamilie auf Ihrem Tisch durch eine Savannenlandschaft wandern.

Streuen Sie Sprossengras aus und pflanzen Sie Rettichbäume. Dann werden sich die Dickhäuter ebenso wohlfühlen wie Ihre Gäste.

Nehmen Sie einen 30 bis 35 cm langen Rettich und entfernen Sie das Grün mit einem geraden Schnitt, damit der fertige Baum später sicher stehen kann.

Schneiden Sie breite, einander versetzt gegenüber liegende Kerben in den Stamm hinein.

11.

Verteilen Sie die Stufen über die gesamte Länge und gleichmäßig rundherum.

12.

Trennen Sie nun kleine Romanesco- oder Broccoliröschen ab und stecken Sie diese mit der Hilfe von Zahnstochern auf dem Stamm fest.

WASSERBÜFFEL

Weiße Rettichwasserbüffel mit dunklen Auberginenaugen

dösen zwischen Schnittlauchschilf und Blüten

aus gelber Zucchini und rotem Rettich.

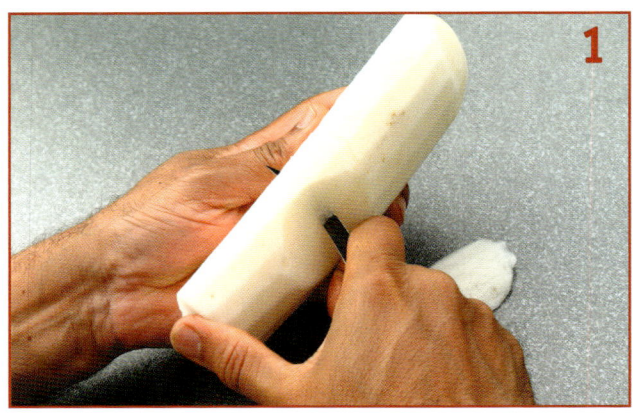

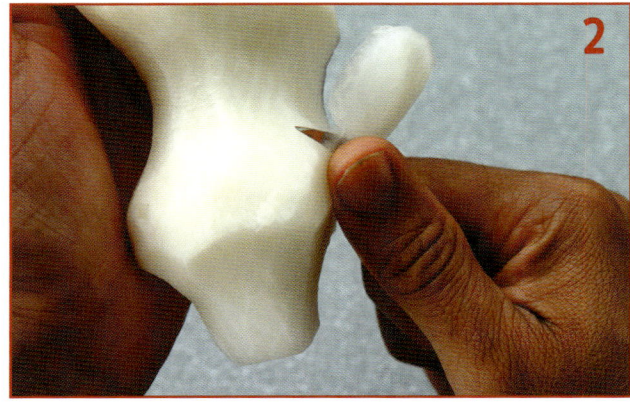

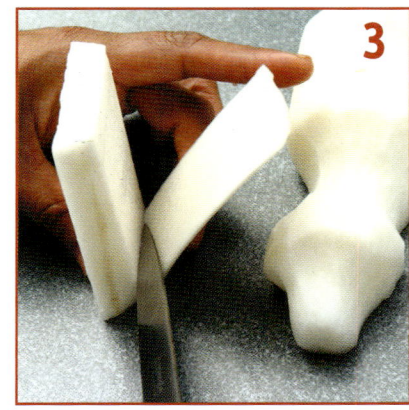

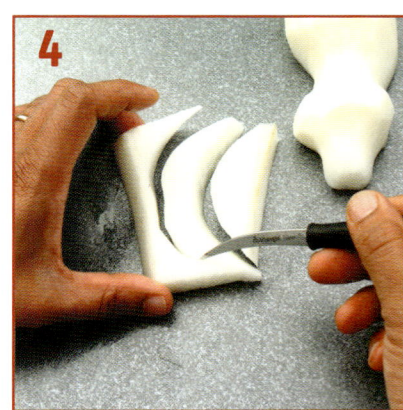

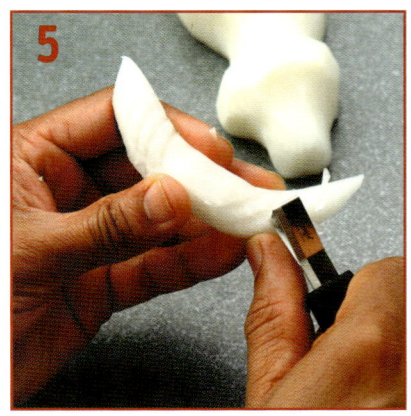

1.

Schälen Sie ein etwa 20 cm langes Stück Rettich und halbieren Sie es anschließend der Länge nach.

Halten Sie eine Hälfte mit der Schnittfläche, auf der der Wasserbüffel später liegen soll, nach unten in der Hand und arbeiten Sie mit einem **Sichelmesser [F]** eine Wölbung für den Nacken des Tieres aus.

2.

Drehen Sie nun das Werkstück erst auf die eine Seite, um eine Halswölbung einzuschneiden und dann auf die andere, um diesen Arbeitsschritt zu wiederholen. Vom Kopf ausgehend formen Sie jetzt den Körper des Büffels.

3.

Schneiden Sie aus der Mitte des übrigen Rettichs eine 2 cm dicke Scheibe heraus.

4.

Legen Sie die Scheibe hin und arbeiten sie die halbmondförmigen Hörner des Büffels heraus.

5.

Geben Sie den Hörnen mit Hilfe des **Kerbmessers [6]** eine Struktur.

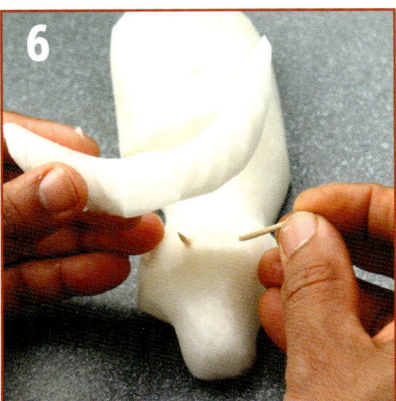

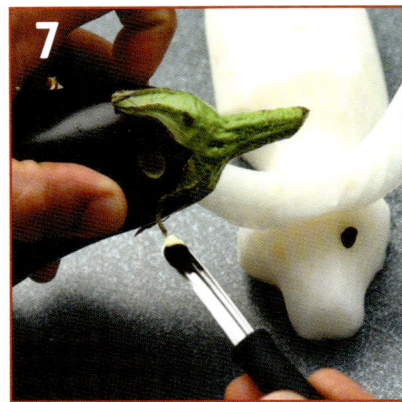

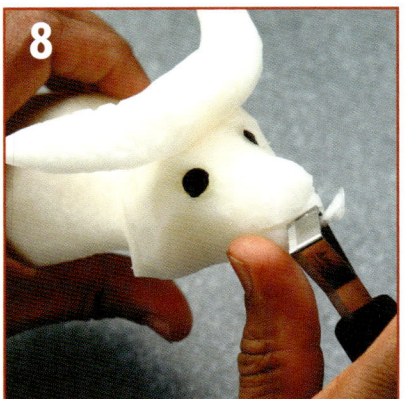

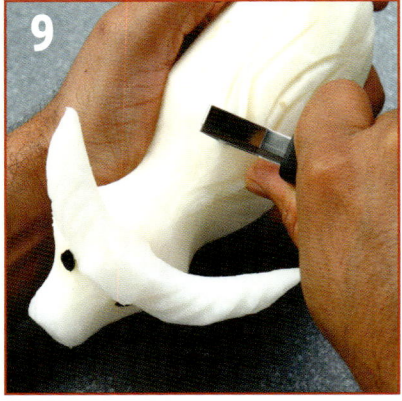

6.
Befestigen Sie die Hörner mit Hilfe von zwei Zahnstochern auf dem Büffelkopf.

7.
Stechen Sie dort, wo die Augen später sitzen sollen, zwei kleine Löcher mit dem kleinen, gebogenen **Schnitzmesser [B]**, und setzen Sie zwei Zylinder, die Sie zuvor mit dem selben Werkzeug aus einer Aubergine ausgestochen haben, als Augen ein.

8.
Formen Sie mit dem Kerbmesser so naturgetreu wie möglich ein Büffelmaul.

9.
Arbeiten Sie mit dem selben Werkzeug kleine, geschwungene Kerben in den Körper, um die Struktur eines Fells nachzuahmen.

Legen Sie die Wasserbüffel in eine mit Wasser gefüllte Schale und zaubern Sie mit Schnittlauch, Dill und Petersilie eine üppige Sumpfkulisse.

Legen Sie bunte Streublümchen und Juliennestreifen ins Wasser. Wer es besonders realistisch sumpfig mag, kann das Wasser mit etwas Zuckerkulör einfärben.

Streublümchen

10.

Für diese kleinen Blümchen können Sie roten Rettich ebenso wie gelbe Zucchini verwenden. Stechen Sie mit einem kleinen, gebogenen **Schnitzmesser [B]** senkrecht ca. 0,25 cm tief in den Rettich hinein und drehen Sie das Werkzeug um die eigene Achse.

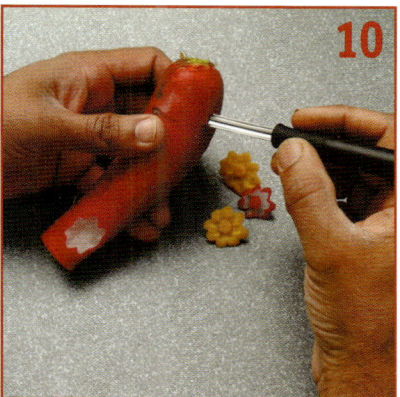

11.

Nun arbeiten Sie mit dem selben Messer die winzigen Blütenblätter heraus, indem Sie einzelne Schnitte von außen schräg nach unten zur Blütenmitte führen. Heben Sie die einzelnen Stückchen vorsichtig heraus.

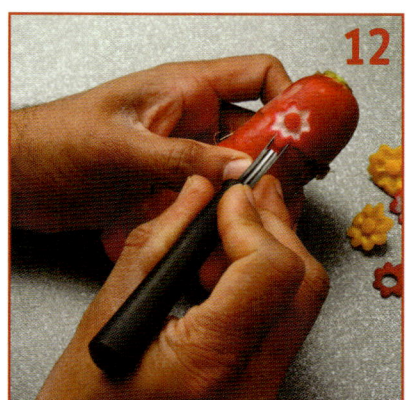

12.

Stechen Sie etwas nach außen versetzt abermals kreisförmig um die Blütenmitte herum schräg nach unten ein.

13.

Heben Sie die fertige Blüte vorsichtig vom Grund ab.

Die hier beschriebenen bunten Streublümchen können Sie als dekoratives Beiwerk in vielen Arrangements verwenden oder einfach nur auf dem Tisch verstreuen.

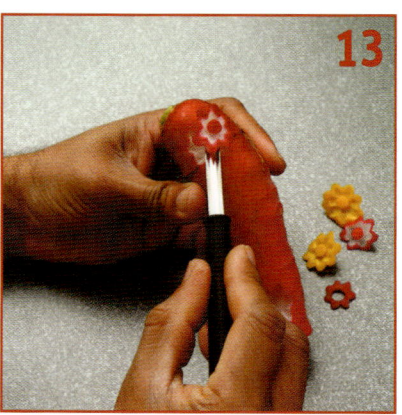

IGEL IM GRAS

Der Papayaigel ist mit vielen Zahnstocherstacheln bewaffnet.

Er hockt auf Kohlrabiblättern im Schnittlauchgras, in Mitten

vieler kleiner Blümchen aus rotem Rettich und gelber Zucchini.

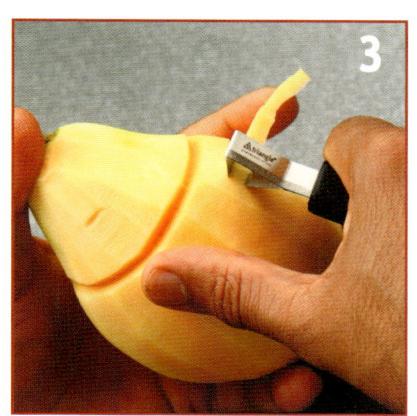

1.
Schneiden Sie ein Stück von der
Papaya ab, damit der Igel später fest
stehen kann.

2.
Schälen Sie die Frucht mit einem
Spar- oder **Pendelschäler [12]**.

3.
Ziehen Sie etwa 5 cm vom Stielansatz
entfernt mit dem **Kerbmesser [6]**
rings um die Frucht eine Kerbe, um
eine Trennlinie zwischen Igelgesicht
und Körper zu schaffen.

Kerben Sie parallel zur ersten Kerbe
immer im Abstand von ca. 2 cm über
den Körper.

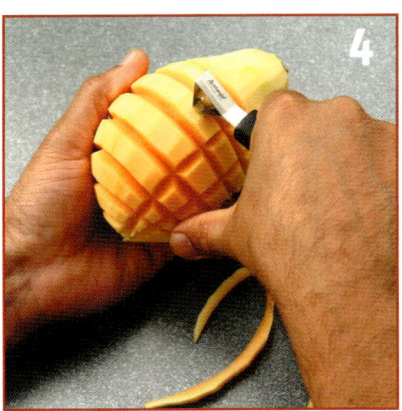

4.

Wiederholen Sie diesen Arbeitsschritt nun der Länge nach, sodass ein gleichmäßiges Karomuster entsteht.

5.

Arbeiten Sie mit dem **Kerbmesser [6]**, einige kurze Bögen in das Gesicht hinein, um Fell anzudeuten.

6.

Mit einem **Sichelmesser [F]** geben Sie dem Igelgesicht eine realistische Form, indem Sie erst eine „Stirn" und dann eine „Schnauze" formen.

7.

Stechen Sie mit dem kleinen, gebogenen **Schnitzmesser [B]** ein, formen Sie zwei kleine Löcher und stecken Sie je eine Gewürznelke hinein.

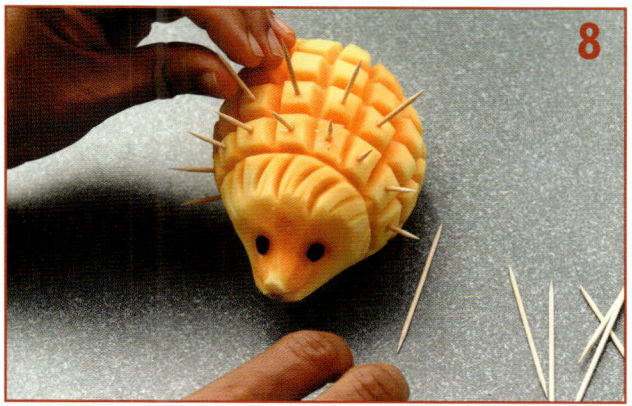

8.

In die kleinen Flächen zwischen den Rillen stechen Sie je einen Zahnstocher als Stachel hinein.

Um den Igel kunstvoll in Szene zu setzen arrangieren Sie ihn auf dem Tisch in seinem „natürlichen Lebensraum".

Setzen Sie ihn auf Kohlrabiblätter und streuen Sie ein paar bunte Blümchen um ihn herum. Die Beschreibung finden Sie auf Seite 81.

9.

Für den Schnittlauchrasen halbieren Sie eine grüne Zucchini und stechen Sie mehrere Zahnstocher kreuz und quer hinein.

10.

Schneiden Sie Schnittlauch in 9 bis 10 cm lange Stücke und stecken Sie die Schnittlauchröllchen auf die Zahnstocher.

ZUM VERWELKEN ZU SCHADE

Die kunstvoll verzierte Vase besteht aus einer Papaya.

Die kleinen, fast transparenten Blüten sind aus

rotem Rettich gefertigt worden, die Blütenmitten

bestehen aus Zitronenschalen.

1.

Halbieren Sie eine Papaya und
schneiden Sie am spitzen Ende ein
Stück ab.

2.

Schälen Sie eine der Papayahälften
mit einem **Spar-** oder **Pendelschäler
[12]** von Schnittfläche zu Schnittfläche.

3.

Mit dem **Kerbmesser [6]** kerben Sie
eine umlaufende Rille etwa 1 cm
unterhalb der Schnittfläche hinein.

Unterhalb dieser Rille ziehen Sie nun
kleine Halbkreise in die Frucht.

Achten Sie darauf, dass die Bögen
gleichmäßig sind.

Schneiden Sie nun mit dem **Kantenmesser [E]** zwei breite und tiefe Rillen
parallel, im Abstand von 1 cm zu einander, in die Frucht.

4.

Mit dem **Kerbmesser [6]** schnitzen Sie rundherum ein Mäandermuster unterhalb der letzten umlaufenden Rille.

5.

Nehmen Sie nun die andere Papayahälfte zur Hand, schneiden Sie das spitze Ende ab und schälen Sie auch diese Hälfte.

Arbeiten Sie mit dem **Kantenmesser [E]** 1 cm unterhalb der Schnittfläche eine breite, tiefe Rille in die Fruchthälfte.

6.

Schneiden Sie mit dem Kerbmesser von dieser Rille ausgehend Bögen hinein. Füllen Sie jeden der Bögen jeweils mit einem kleinen Bogen. Zum unteren Abschluss des Ornamentbandes schneiden Sie wieder mit dem Schnitzmesser eine breite Rille.

7.
Verbinden Sie nun die zwei Papaya-hälften miteinander, indem Sie die beiden kleineren Schnittflächen mit der Hilfe von Zahnstochern aufein-ander stecken.

8.
Die fertige Vase kann nun mit einem Strauß frischer Blumen gefüllt werden.

Rotrandige Blüten aus rotem Rettich

Für einen üppigen Blumenstrauß aus duftig zarten Blüten eignet sich die nachfolgend beschriebene Blüten-form besonders gut. Das Zusammen-spiel der roten Schale und dem weißen Fruchtfleisch des Rettichs macht diese Blütenform besonders interessant.

9.
Schälen Sie von einem roten Rettich von oben nach unten zur Spitze hin längliche Streifen ab. Drehen Sie das Werkstück nach jedem Schnitt und verteilen Sie die Schnitte so, dass Sie vier bis fünf Schnittflächen erhalten.

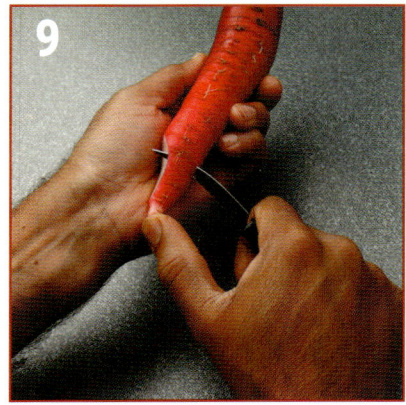

10.
Danach schneiden Sie parallel, 0,5 cm nach oben versetzt, zu den zuvor gemachten Schnitten ein. Achten Sie dabei darauf, die einzelnen Blüten-blätter nicht abzuschneiden.

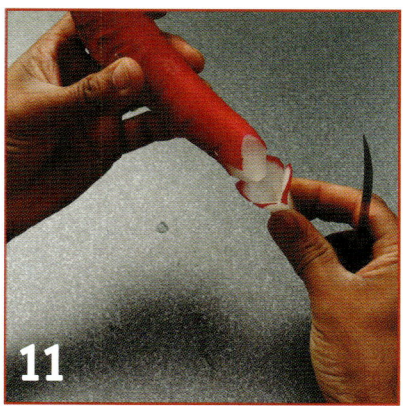

11.

Wenn Sie das letzte Blütenblatt ausgearbeitet haben, trennen Sie die Blüte mit einem Schnitt vom restlichen Stück Rettich ab.

12.

Mit dem **Perlenausstecher [8]** formen Sie aus einer Zitrone eine Halbkugel für die Blütenmitte.

13.

Befestigen Sie die Zitronenhalbkugel mit Hilfe eines Zahnstochers in der Mitte der Blüte. Legen Sie die fertigen Blüten in Eiswasser, bevor Sie die Vase bestücken.

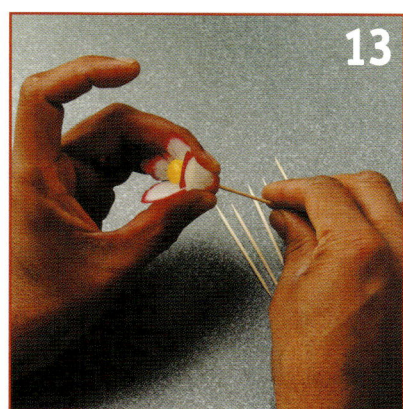

FRUCHTSCHALE MIT ZUCCHINI-BECHER

Die exotische Schale, die mit kleinen, leckeren

Fruchtbällchen gefüllt ist, lädt geradezu ein, sich zu bedienen.

Um sich die Hände nicht schmutzig zu machen, benutzt man

einfach Zahnstocher, die in einem Becher aus gelber Zucchini

im Hintergrund bereit stehen.

1.
Halbieren Sie eine Melone längsseitig und ziehen Sie mit dem **Kerbmesser [6]** etwa 2 cm unterhalb der Schnittfläche parallel eine Rille in eine der Hälften.

Schälen Sie die Fruchthälfte unterhalb dieser Rille sorgfältig ab.

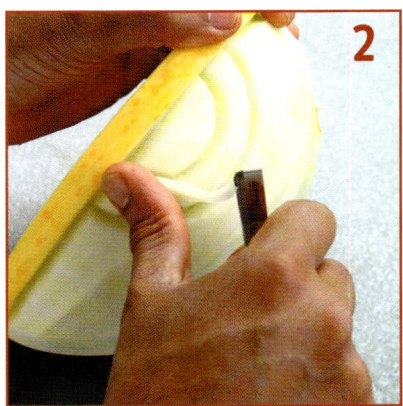

2.
Schneiden Sie nun mit dem selben Werkzeug, ausgehend von der Randkerbe, zwei Halbkreise im Abstand von 1 cm in die Melonenhälfte.

3.
Beginnen Sie in einem Abstand von 2 cm vom äußeren Halbkreis entfernt, mit einem **V-förmigen Schnitzmesser [D]** schräg nach unten auf ihn zu zu schneiden.

Setzen Sie die Schnitte dicht neben einander, immer an dem äußeren Halbkreis entlang.

4.
Heben Sie die abgetrennten Stückchen mit einem scharfen Messer heraus.

5.
Wiederholen Sie diesen Arbeitsschritt in einem Abstand von etwa 1 cm und entfernen Sie danach mit einem **Sichelmesser [F]** das dahinter liegende Fruchtfleisch, damit die einzelnen Zacken deutlich hervortreten.

6.
Von den Zackenzwischenräumen ausgehend schneiden Sie v-förmige Strahlen in die Frucht.

7.
Nachdem Sie die Kerne entfernt haben, stechen Sie mit Hilfe des **Kugelformers [7]** die Melonenkugeln aus und legen Sie schließlich zurück in die ausgehöhlte Schale.

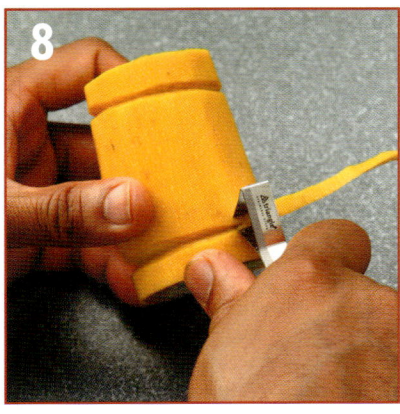

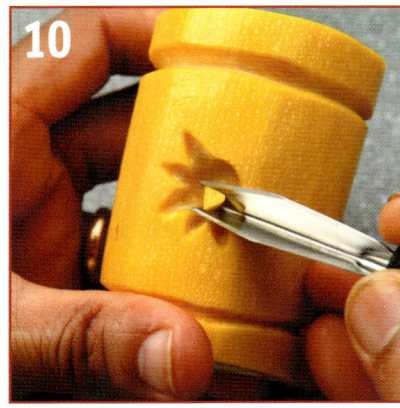

**Zahnstocherbecher aus
gelber Zucchini**

8.
Schneiden Sie aus der Mitte einer
gelben Zucchini ein ca. 8 cm langes
Stück heraus. Arbeiten Sie mit dem
Kerbmesser an dem oberen und an
dem unteren Rand des Zucchinizylin-
ders eine umlaufende Rille heraus.

9.
Halten Sie das Werkstück ganz vorsichtig und holen Sie mit einem kleinen
Perlenausstecher [8] aus der Mitte
zwischen den beiden Kerben eine
Halbkugel heraus und legen Sie sie
zur Seite.

10.
Benutzen Sie nun das **V-förmige
Schnitzmesser [C]** und heben Sie
etwa 0,5 cm lange, strahlenförmig um
die ausgehöhlte Mitte angeordnete
Schalenstreifen ab.

11.
Setzen Sie mit Hilfe eines Zahnstoch-
erstückchens die aufbewahrte Halbkugel wieder in die Mitte des Sterns
ein. Nun stechen Sie, etwas weiter
nach außen versetzt, mit dem selben
Werkzeug wiederum 0,5 cm tief rund-
um ein.

12.
Schneiden Sie mit dem **Sichelmesser [F]** ringförmig um den Stern herum und entfernen Sie das überflüssige Material. So lassen Sie den Stern plastisch hervortreten.

13.
Umranden Sie den Stern mit 0,5 cm kurzen Kerben.

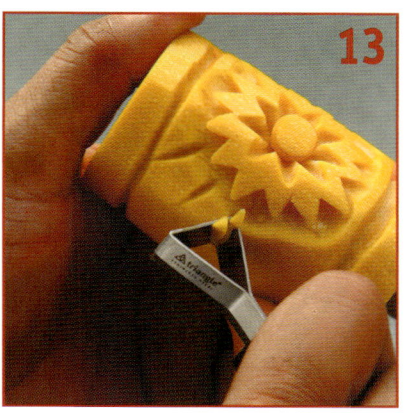

14.
Stellen Sie den Zylinder auf die Arbeitsfläche. Halten Sie das Objekt zwischen Daumen und Zeigefinger der linken Hand und stechen Sie mit dem Sichelmesser senkrecht, etwa 0,5 cm vom Rand entfernt, 3 cm tief in den Zylinder. Schneiden Sie parallel zum Rand.

15.
Höhlen Sie nun den Zucchinizylinder mit einem **Kugelformer [7]** aus. Danach können Sie den Becher mit Zahnstochern füllen.

ABENDLICHT

Diese natürliche, wunderschöne gelbe Lampe

besteht aus einer ausgehöhlten Honigmelone.

Im Innern der Melone brennt ein Teelicht.

Verziert wird das ganze mit Blättern, geschnitzt

aus der Schale einer grünen Wassermelone.

1.

Verwenden Sie eine etwas größere Honigmelone und achten Sie auf eine schöne Färbung.

Ziehen Sie mit Hilfe des **Kerbmessers [6]** von oben nach unten acht gleichmäßig über die Melone verteilte Rillen.

Wiederholen Sie diesen Arbeitsschritt, indem Sie nun horizontale Kerben in die Frucht schneiden.

2.

Nehmen Sie nun das eckige **Kantenmesser [E]** und stechen Sie kleine, tiefe Rechtecke aus den Flächen zwischen den Kerben heraus.

3.

Bearbeiten Sie jedes einzelne Rechteck mit Geduld und Sorgfalt. Sie können auch ein **Sichelmesser [F]** beim Herausholen zur Hilfe nehmen.

4.

Schneiden Sie die Melone an der „Rückseite" schräg an. Diese Schnittfläche dient später als Standfläche. Höhlen Sie vorsichtig die Melone über diese Schnittfläche aus. Nehmen Sie dabei den **Kugelformer [7]** zur Hilfe.

Stellen Sie die ausgehöhlte Honigmelone über ein Teelicht und bringen Sie so stimmungsvolles Licht an Ihren Tisch. Drapieren Sie noch Melonenblätter um die leuchtende Frucht und eine eindrucksvolle Tischdekoration wartet auf Ihre Gäste.

Blätter aus Melonenschalen – Zur Veranschaulichung wurde hier eine Honigmelone verwendet.

5.
Trennen Sie eine dicke Scheibe Melonenschale ab. Achten Sie dabei darauf, dass diese nicht zu dünn gerät, weil sie später sonst auseinanderfallen könnte.

6.
Legen Sie die abgetrennte Scheibe mit der Schale nach oben auf die Arbeitsfläche. Halten Sie sie mit einer Hand fest und arbeiten Sie mit einem **Sichelmesser [F]** die Blattform heraus.

Halten Sie dabei das Messer wie einen Stift, denn das hilft dabei gleichmäßig und in den richtigen Proportionen zu arbeiten.

7.
Arbeiten Sie mit dem **Kerbmesser [6]** zwei geschwungene Linien als Blattachse heraus.

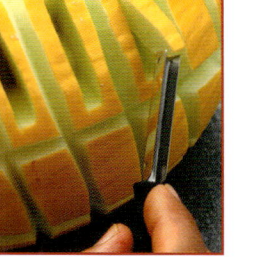

Von dieser Grundform ausgehend können Sie zwei unterschiedliche Blattarten herstellen: das durchbrochene Blatt oder das Reliefblatt.

Durchbrochenes Blatt

8.

Führen Sie von der Blattachse ausgehend schräg nach außen kleine, gebogene Schnitte. Diese Schnitte sollten der Blattform folgen und kleine, langgezogene Ovale bilden.

Achten Sie darauf, dass zwischen den Ovalen ein ausreichend breiter Grat stehen bleibt. Das Ornament kommt dann besonders schön zur Geltung. Entfernen Sie das Innere der Ovale.

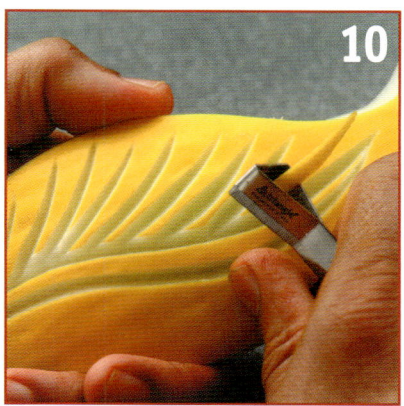

9.

Empfinden Sie die Ovale an den Außenseiten des Blattes nach und geben Sie ihm seine endgültige Form.

Reliefblatt

10.

Von der Blattachse ausgehend ziehen Sie mit dem **Kerbmesser [6]** gebogene Rillen zum Blattrand.

11.

Schneiden Sie mit dem **Sichelmesser [F]** Zacken in den Außenrand des Blattes und geben Sie ihm seine endgültige Form.

BÜFFETDEKORATIONEN

EIN WAHRER AUGENSCHMAUS

Die Blüten des exotisch anmutenden Arrangements wurden aus rotem Rettich geschnitzt. Die Blütenmitte besteht aus Zitronenschale. Die Vase selbst ist aus einer dunklen Wassermelone angefertigt worden. Einen dekorativen Rahmen bilden die Blätter, die aus Melonenschalen geschnitzt wurden.

1.

Nehmen Sie eine große Wassermelone. Etwa 4 cm unterhalb des Stielansatzes schnitzen Sie mit einem **Sichelmesser [F]** oder dem **Kerbmesser [6]** der Rundung der Melone folgend, kurze, spitzovale Kerben in die Schale.

Dabei sollte jeweils zwischen den Kerben ein Abstand von 0,5 cm bleiben.

Führen Sie das Messer wie einen Stift, damit Sie die Tiefe und die Form des Schnitts besser kontrollieren können.

2.

Schneiden Sie das Objekt im Abstand von 0,5 cm parallel zu den Kerbrändern ebenfalls bogenförmig ein.

Die Bögen sollten sich in den Ecken berühren und die Fläche eines geschwungenen Vierecks einschließen.

3.

Arbeiten Sie diese Fläche mit einem **Sichelmesser [F]** heraus, ohne die schmalen Grate dabei zu verletzen.

Die herausgearbeiteten Flächen bilden den Hintergrund und den farblichen Kontrast zu dem grünen Ornament.

Wiederholen Sie diese Arbeitsschritte, bis Sie die Melone mit einem gleichmäßigen Ornamentgitter überzogen haben.

Standring

4.

Damit die Melone stabil stehen kann, können Sie einen Standring anfertigen. Schneiden Sie das obere Drittel einer Melone ab. Ziehen Sie mit dem Kerbmesser parallel zum Rand eine Kerbe.

5.

Arbeiten Sie mit dem Kerbmesser einen nicht zu breiten Ornamentstreifen aus und schneiden Sie den oberen Teil der Kappe ab. So erhalten Sie einen Ring, in den Sie die Melone stellen können.

Blüten aus rotem Rettich

6.

Nehmen Sie einen roten Rettich und schneiden Sie mit einem **Ziseliermesser [11]** die untere Spitze rundherum ein.

Setzen Sie die Schnitte eng nebeneinander und drehen Sie den Rettich bei jedem Schnitt. Achten Sie darauf, dass Sie die einzelnen Streifen nicht abtrennen.

7.

Lassen Sie im Zentrum einen Steg von etwa 1 cm Durchmesser stehen.

8.
Entfernen Sie mit dem **Sichelmesser [F]** die Blüte vorsichtig vom Steg.

9.
Formen Sie mit dem **Perlenausstecher [8]** eine Blütenmitte aus Zitrone.

10.
Nehmen Sie die Blüte vorsichtig in die Hand und formen Sie mit dem selben Werkzeug eine Blütenmitte und setzen Sie die kleine Zitronenkugel hinein.

11.
Befestigen Sie die Zitronenkugel mit Hilfe eines Zahnstochers und legen Sie die fertigen Blüten bis zur Weiterverarbeitung in Eiswasser, damit sich die Blütenblätter noch weiter öffnen können.

Arrangieren Sie die Blüten auf der Melone und verwenden Sie als Hintergrund und rahmenden Abschluss für das Bouquet die auf den Seiten 105 ff. beschriebenen Reliefblätter.

EXOTISCHE BLUMENVASE

Die Skulptur in Blütenform besteht aus einer Wassermelone.

Als weitere dekorative Elemente sieht man eine weiße Rose

aus Rettich sowie zwei Blüten aus Kürbis und Rettich.

Die kunstvollen Blätter wurden aus den Schalen von

Honig- und Wassermelonen gefertigt.

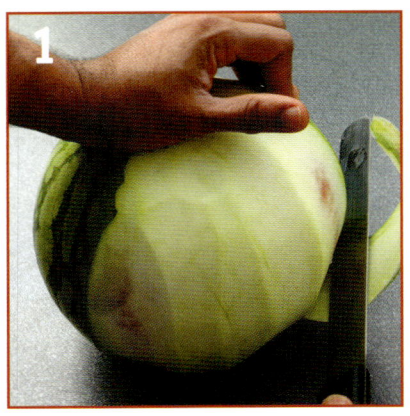

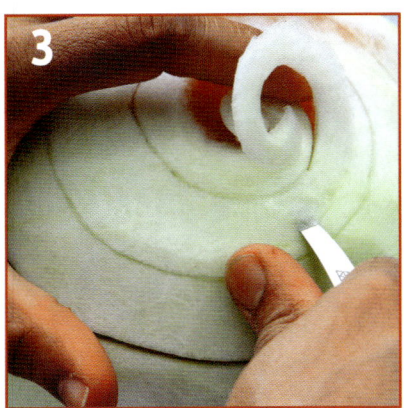

1.
Wählen Sie eine besonders große Wassermelone für dieses Schaustück aus. Schälen Sie die eine Melonenhälfte, am Besten mit einem Filettiermesser.

2.
Schneiden Sie nun, von der Mitte der geschälten Fläche ausgehend, mit einem **Sichelmesser [F]** eine Spirale in die Melone hinein. Halten Sie sie dabei mit der anderen Hand gut fest.

Das Messer sollten Sie dabei wie einen Stift halten. Das hilft dabei gleichmäßig und in den richtigen Proportionen zu arbeiten. Der Abstand zwischen den einzelnen Spiralbögen sollte immer etwa 2 cm betragen.

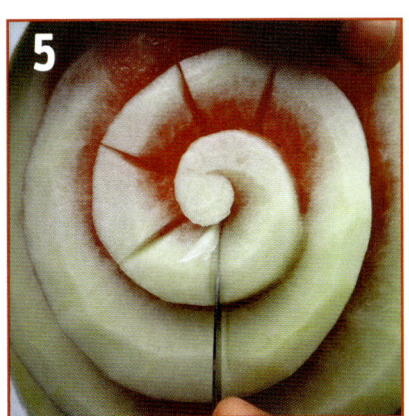

3.
Stechen Sie mit einem Sichelmesser 0,5 cm parallel zu dem Beginn der Spirale schräg ein und folgen Sie dem Spiralbogen. Lösen Sie so einen Streifen Fruchtfleisch ab, damit die Spirale plastisch hervortritt.

4.
Nach diesem Arbeitsschritt, sollte das rote Fruchtfleisch deutlich sichtbar sein.

5.

Schnitzen Sie in die Spirale im Abstand von 1,5 cm etwa 2 mm tiefe Kerben hinein, die über die Breite eines Spiralbogens reichen sollten.

6.

Mit dem großen, gebogenen **Schnitz-messer [A]** stechen Sie zwischen den Rillen schräg nach unten zum davor liegenden Spiralbogen und heben das abgetrennte Material ab.

7.

Mit dem Sichelmesser runden Sie jedes einzelne Blütenblatt mit viel Geduld ab.

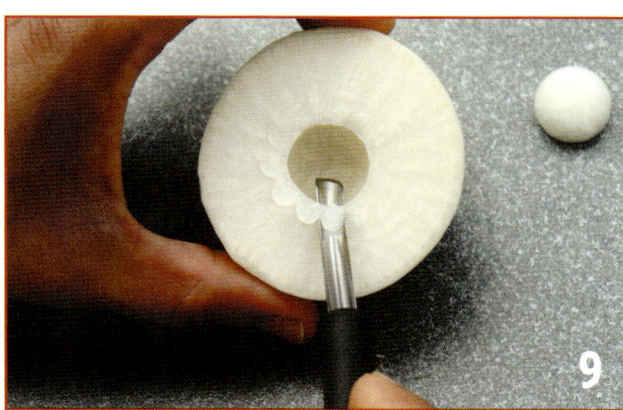

Ringelblume

8.

Schneiden Sie aus der Mitte eines Rettichs eine etwa 6 cm dicke Scheibe heraus und arbeiten Sie in der Mitte mit einem **Kugelformer [7]** eine Halb-kugel heraus. Legen Sie diese Halbku-gel beiseite.

9.

Stechen Sie mit dem kleinen, gebo-genen **Schnitzmesser [B]** um die Aus-höhlung herum, etwa 0,5 cm tief schräg nach unten ein. Die erste Reihe der Blütenblätter wird so geformt.

10.
Entfernen Sie das überflüssige Fruchtfleisch.

11.
Stechen Sie mit dem selben Werkzeug, etwas nach außen versetzt, abermals parallel zu den vorherigen Schnitten ein.

12.
Schneiden Sie mit einem Sichelmesser ringförmig um den Blütenblätterkranz herum und entfernen sie den dabei entstehenden Materialstreifen, damit die Blütenblätter plastisch hervortreten.

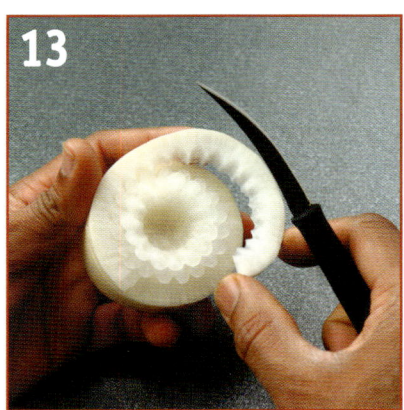

13.
Den beschriebenen Arbeitsschritten folgend, können Sie einen zweiten, dritten, vielleicht auch vierten Blätterkranz herausarbeiten.

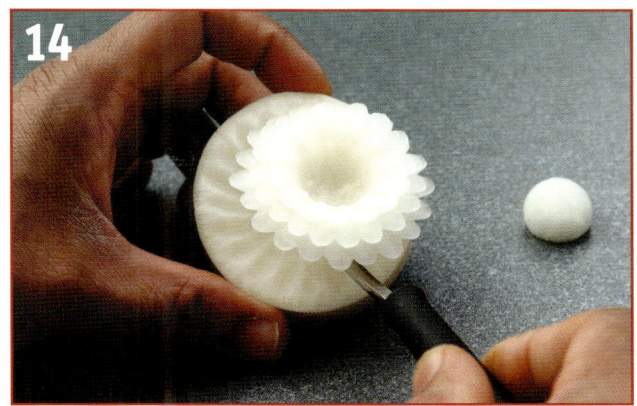

14.

Wenn Sie den letzten Kranz Blütenblätter ausgearbeitet haben, lösen Sie
die Blüte vorsichtig vom noch verblie-
benen Material ab.

15.

Setzen Sie die zu Anfang ausgehobe-
ne Halbkugel, mit der Wölbung nach
oben, in die Blütenmitte ein und befestigen Sie sie mit einem Zahnstocher.

16.

Diese Blütenform können Sie ganz
einfach variieren, indem sie an Stelle
des kleinen, gebogenen Schnitzmessers jedes andere geformte Schnitzmesser benutzen und als Material
zum Beispiel einen Kürbis oder rote
Beete wählen.

Folgen Sie dann einfach Schritt für
Schritt den Anweisungen, die zuvor für
die Ringelblume beschrieben wurden.

Rose

17.

Schneiden Sie aus der Mitte eines
weißen Rettichs eine 4 cm dicke
Scheibe heraus.

Nehmen Sie die Scheibe zwischen
Daumen und Zeigefinger und formen
sie mit einem **Sichelmesser [F]** zu
einem kantigen Kegel.

18.

Schneiden Sie ringsum, parallel zu
den ovalen Schnittflächen etwa 2 mm
dicke Blütenblätter ein, die zur Werk-
stückmitte hin etwas dicker werden
sollten, um mehr Stabilität zu
gewährleisten.

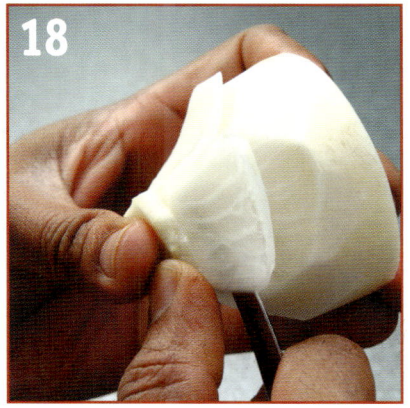

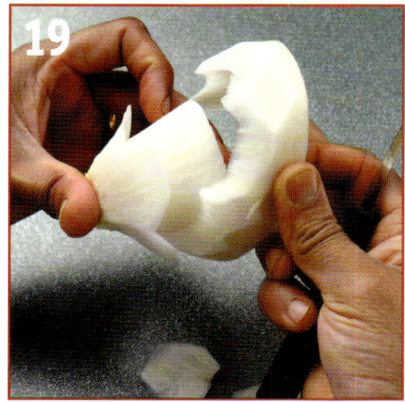

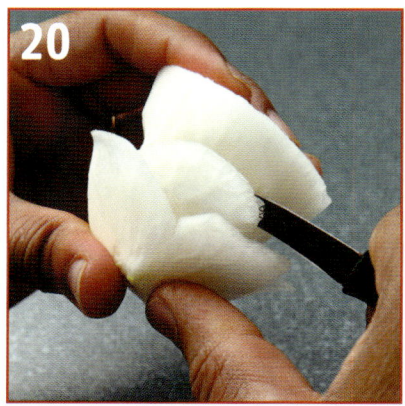

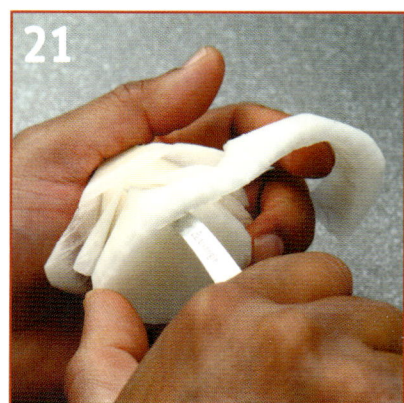

19.

Stechen Sie senkrecht von oben etwa 3 mm vom Scheibenrand entfernt bis zur ersten Blütenblattreihe ein und schälen Sie einmal ringsherum. Entfernen Sie das überflüssige Material. Achten Sie dabei darauf, keines der Blütenblätter abzutrennen.

20.

Schneiden Sie, versetzt zur ersten Reihe, eine zweite Reihe Blütenblätter in das Werkstück hinein.

21.

Schälen Sie, wie zuvor wieder eine 3 mm dünne Schicht hinter den Blütenblättern ab.

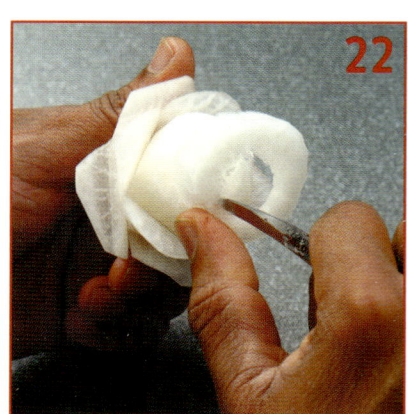

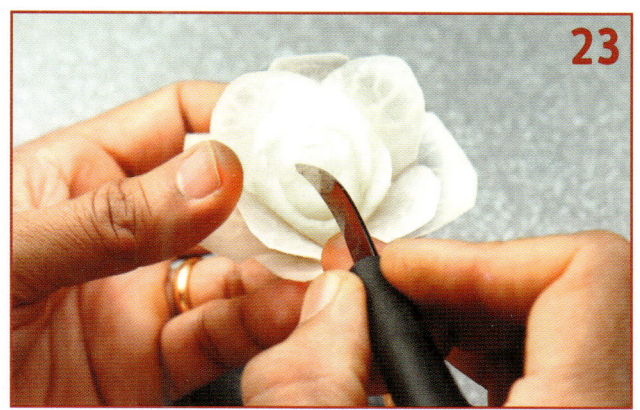

22.
Schälen Sie einen weiteren Streifen Fruchtfleisch rund um die bisher unberührte Mitte der Blüte ab und verleihen Sie ihr damit eine kugelige Form.

23.
Halten Sie das Schnitzmesser wie einen Stift und schneiden Sie weitere Blütenblätter zurecht.

24.
Wenn Sie eine rosafarbene Rose für ein Arrangement benötigen, schneiden Sie eine rote Beete auf und streichen Sie sie vorsichtig über die Blütenblätter. Sie können natürlich auch Lebensmittelfarbe benutzen.

25.
Stecken Sie die drei verschiedenen Blüten mit Hilfe von Zahnstochern auf der Melone fest und arrangieren Sie als Hintergrund Ornament- und Reliefblätter aus Honig- und Wassermelonenschalen. Die Beschreibung dieser beiden Blattformen finden Sie auf den Seiten 103 ff.

TULPEN ZU JEDER JAHRESZEIT

Ein Strauß aus bunten Paprikatulpen mit Lauchblättern
und Bambusstängeln, die für den nötigen Halt sorgen.

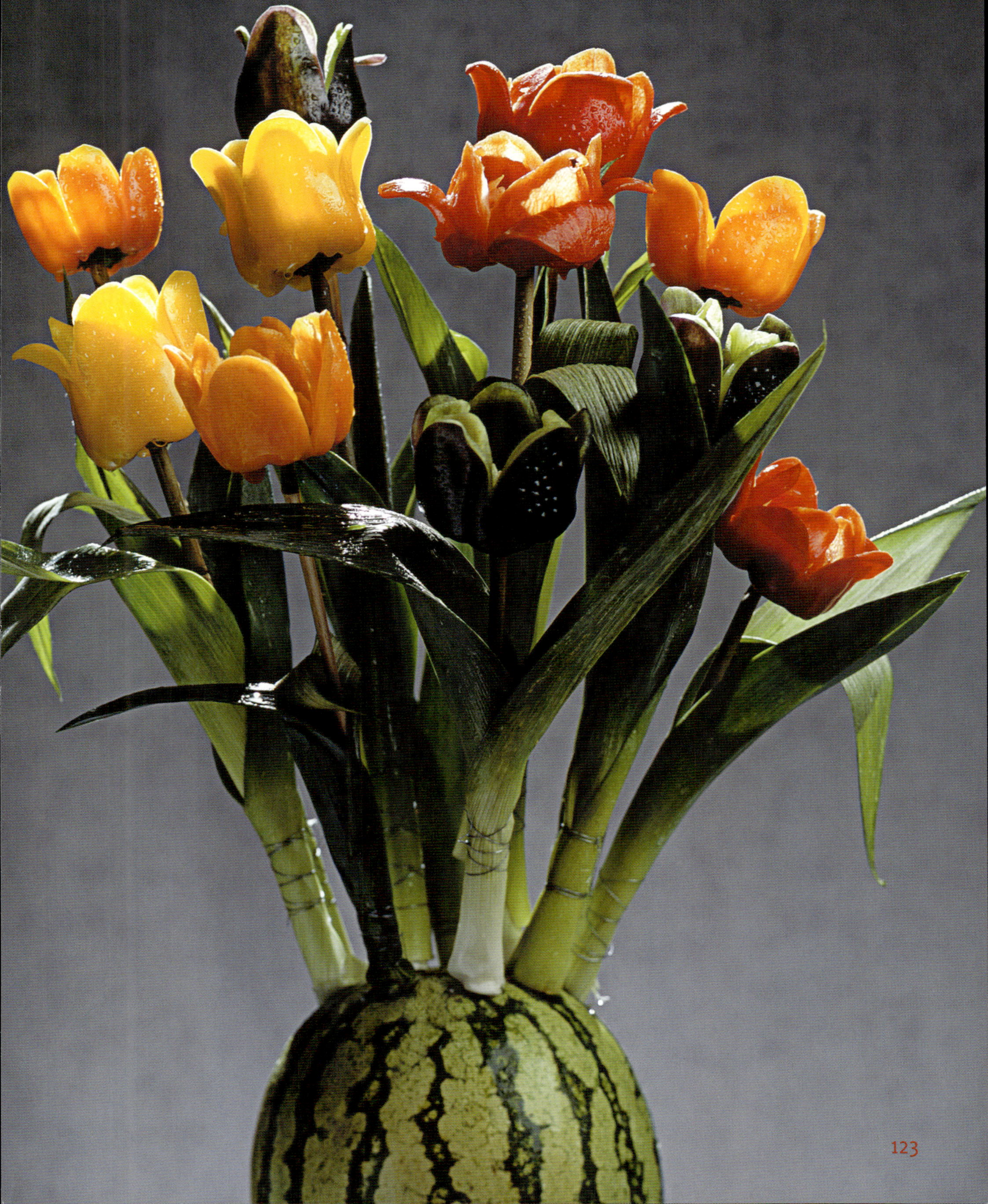

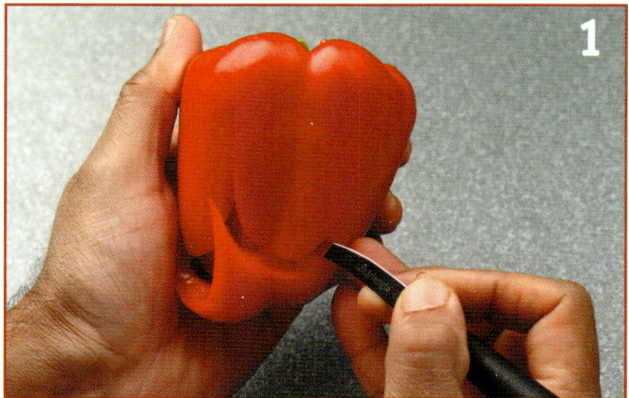

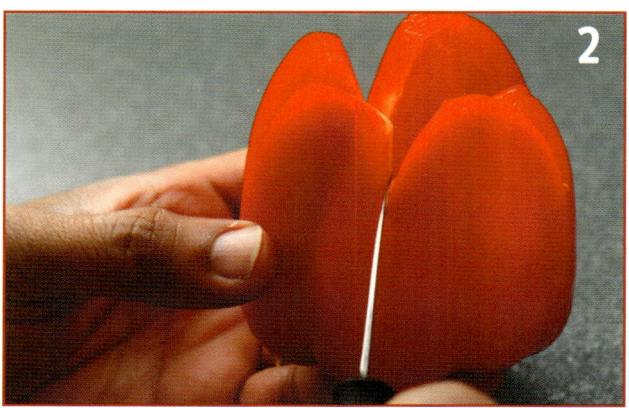

1.
Legen Sie die Paprikafrucht mit dem Stielansatz nach oben in ihre linke Hand. Mit einem **Sichelmesser [F]** arbeiten Sie, gegenüber des Stielansatzes, in Bögen die Spitzen der späteren Blütenblätter einer Tulpe heraus.

2.
Schneiden Sie zwischen den Bögen zum Stielansatz hin 3 bis 4 cm weit hinunter, um die einzelnen Blütenblätter voneinander zu trennen.

3.
Trennen Sie bei jedem Blütenblatt mit einem sauberen Schnitt, von der Spitze bis zum Stielansatz hinunter, die Schale vom Fruchtfleisch ab.

Die beiden so entstandenen Schichten dürfen nicht voneinander getrennt werden.

4.
Legen Sie die Paprikatulpe in Eiswasser, damit sich die Blütenblätter entfalten können.

5.
Schneiden Sie eine Lauchstange 5 cm unterhalb des Grünansatzes durch.

6.
Trennen Sie die einzelnen Blätter voneinander. Falten Sie ein Lauchblatt und bringen Sie es mit einem gebogenen Schnitt in Form.

7.
Legen Sie zwei Blätter übereinander
und wickeln Sie den unteren, weißen
Teil der Blätter um einen Bambusstock.

8.
Fixieren Sie die Blätter mit einem
Blumendraht auf der gewünschten
Höhe.

9.
Entfernen Sie den Stielansatz der
Paprika und setzen Sie die Paprika-
tulpe auf den Stock

10.

Stellen Sie eine Wassermelone auf den Stielansatz. Sollte sie nicht von selbst stehen, schneiden Sie ein Stück mit einem glatten Schnitt ab, um eine Standfläche zu erhalten.

Mit einem **Apfelentkerner [1]** bohren Sie nun mehrere Löcher in die Melone.

11.

Stecken Sie die fertigen Tulpen hinein.

12.

Bohren Sie weitere Löcher und drapieren Sie die Tulpen zu einem bunten, üppigen Strauß.

Für einen bunten Tulpenstrauß verwenden Sie die gesamte Farbpalette der Paprikafrüchte: von gelb über orange hin zu dunkelrot.

Dieses Buch ist meinen Eltern gewidmet.
Mein Vater und meine Mutter gingen mit
mir durch Dick und Dünn, und zwar in
guten wie in schlechten Zeiten.

Bis heute nehme ich immer noch viele
wichtige Ratschläge von beiden entgegen.

Ich bin dankbar und auch sehr stolz, dass
ich solche Eltern habe.

Soweit es mich betrifft, sind Eltern und
Familie das Wichtigste im Leben.

Narahenapitage Sumith Premalal De Costa